Roger Fisher/Danny Ertel

# ARBEITSBUCH VERHANDELN

*So bereiten Sie sich schrittweise vor*

Aus dem Amerikanischen von
Wilfried Hof

Wilhelm Heyne Verlag
München

HEYNE BUSINESS
22/2061

Titel der amerikanischen Originalausgabe
GETTING READY TO NEGOTIATE
Erschienen 1995 bei Penguin Books, New York

*Umwelthinweis:*
Dieses Buch wurde auf chlor- und
säurefreiem Papier gedruckt

Taschenbucherstausgabe 4/2000
Copyright © 1995 by Conflict Management, Inc.
Copyright © der deutschsprachigen Ausgabe 1997 by
Campus Verlag GmbH, Frankfurt/Main
Wilhelm Heyne Verlag GmbH & Co. KG, München
http://www.heyne.de
Printed in Germany 2000
Umschlagillustration: Premium Stock Photography/K. Tiedge, Düsseldorf
Umschlaggestaltung: Nele Schütz Design, München
Technische Betreuung: M. Spinola
Satz: Schaber Satz- und Datentechnik, Wels
Druck und Verarbeitung: Presse-Druck, Augsburg

ISBN 3-453-16468-7

# INHALT

Danksagung . . . . . . . . . . . . . . . . . . . . . . . . . . . . . . . . . . . . 9

Vorwort zur deutschen Ausgabe . . . . . . . . . . . . . . . . . . . . . . 11

## BENUTZUNG DIESES ARBEITSBUCHES

1. **Einführung** . . . . . . . . . . . . . . . . . . . . . . . . . . . . . . . . . 15

   Diagnose: nicht vorbereitet . . . . . . . . . . . . . . . . . . . . . . . 15

   Warum sind Verhandlungspartner nicht
   vorbereitet? . . . . . . . . . . . . . . . . . . . . . . . . . . . . . . . . . . 16

   Ein systematischer Ansatz für die Vorbereitung . . . . . . . . 18

   Wie dieses Arbeitsbuch benutzt werden kann . . . . . . . . . . 20

2. **Haben Sie es eilig?** . . . . . . . . . . . . . . . . . . . . . . . . . . . 22

   Schnelle Vorbereitung . . . . . . . . . . . . . . . . . . . . . . . . . . . 23

   Vorbereitung auf Prioritäten . . . . . . . . . . . . . . . . . . . . . . 25

   Einige Beispiele . . . . . . . . . . . . . . . . . . . . . . . . . . . . . . . 30

## DIE SIEBEN ELEMENTE DES VERHANDELNS

3. **Interessen:** *Was wollen die Leute wirklich?* . . . . . . . . . . . . 35

   Übliche Fehler . . . . . . . . . . . . . . . . . . . . . . . . . . . . . . . . 35

   Der gut vorbereitete Verhandlungspartner . . . . . . . . . . . . . 37

   *Fragebogen*
   **Interessen 1:** *Feststellung der relevanten Parteien* . . . . . . . . . . . . 39
   **Interessen 2:** *Klärung der Interessen* . . . . . . . . . . . . . . . . . . . 40
   **Interessen 3:** *Suche nach tiefer liegenden Interessen* . . . . . . . . . . 41

   Ein Beispiel . . . . . . . . . . . . . . . . . . . . . . . . . . . . . . . . . . 42

4. **Optionen:** *Was sind mögliche Abkommen oder Bestandteile eines Abkommens?* ...... 48

   Übliche Fehler ...... 49

   Der gut vorbereitete Verhandlungspartner ...... 50

   *Fragebogen*
   **Optionen 1:** *Entwicklung von Optionen zur Befriedigung der Interessen beider Seiten* ...... 54
   **Optionen 2:** *Möglichkeiten der Maximierung des gemeinsamen Nutzens* ...... 55

   Ein Beispiel ...... 56

5. **Alternativen:** *Was werde ich tun, falls wir uns nicht einigen können?* ...... 62

   Übliche Fehler ...... 63

   Der gut vorbereitete Verhandlungspartner ...... 64

   *Fragebogen*
   **Alternativen 1:** *Meine Alternativen zu einem Abkommen* ...... 66
   **Alternativen 2:** *Auswahl und Verbesserung meiner besten Alternative* ...... 67
   **Alternativen 3:** *Herausfinden der Alternativen der Gegenseite* ... 68
   **Alternativen 4:** *Annahmen über die beste Alternative der Gegenseite* ...... 69

   Ein Beispiel ...... 70

6. **Legitimität:** *Welche Kriterien will ich anwenden, um uns beide davon zu überzeugen, daß wir nicht hereingelegt werden?* ...... 79

   Übliche Fehler ...... 80

   Der gut vorbereitete Verhandlungspartner ...... 81

   *Fragebogen*
   **Legitimität 1:** *Benutzung externer Standards als Lanze und Schild* . 84
   **Legitimität 2:** *Nutzung der Fairneß des Verfahrens, um zu überzeugen* ...... 85
   **Legitimität 3:** *Angebot einer attraktiven Möglichkeit für die Gegenseite, ihre Entscheidung zu erläutern* ...... 86

   Ein Beispiel ...... 87

7. **Kommunikation:** *Bin ich darauf vorbereitet, aufmerksam zuzuhören und verständlich zu reden?* ................ 97

Übliche Fehler ...................................... 98

Der gut vorbereitete Verhandlungspartner ............. 99

*Fragebogen*
**Kommunikation 1:** *Überdenken meiner Annahmen und worauf ich hören sollte* ............... 101
**Kommunikation 2:** *Umformulieren, damit die Gegenseite besser versteht* ..................... 102

Ein Beispiel ...................................... 103

8. **Beziehung:** *Bin ich darauf vorbereitet, mich mit der Beziehung zu befassen?* ........................... 109

Übliche Fehler ...................................... 110

Der gut vorbereitete Verhandlungspartner ............. 111

*Fragebogen*
**Beziehung 1:** *Trennung der menschlichen Probleme von den Sachproblemen* ...................... 113
**Beziehung 2:** *Vorbereitung auf den Aufbau einer guten Arbeitsbeziehung* ......................... 114

Ein Beispiel ...................................... 115

9. **Verpflichtung:** *Welche Verpflichtungen sollte ich anstreben beziehungsweise eingehen?* ........................ 120

Übliche Fehler ...................................... 121

Der gut vorbereitete Verhandlungspartner ............. 122

*Fragebogen*
**Verpflichtung 1:** *Festlegung der Themen des Abkommens* ....... 125
**Verpflichtung 2:** *Planung der Schritte bis zum Abkommen* ...... 126

Ein Beispiel ...................................... 127

ÜBERGANG VON DER VORBEREITUNG ZUM VERHANDELN

10. **Vorbereitung auf den Abschluß eines Abkommens** ..... 135

**Anhang A:** In der Vorbereitung besser werden ........... 139
**Anhang B:** Ein Satz »Werkzeuge« zur Vorbereitung ........ 203

# DANKSAGUNG

Ein Projekt wie dieses ist nie die Arbeit von nur zwei Personen. Wir hätten dieses Arbeitsbuch ohne die Hilfe, Unterstützung und Ermutigung in erster Linie von unseren Familien, Freunden und Klienten nie schreiben können. Viele Leute haben dieses Manuskript und eine weit größere Anzahl hat *Das Harvard-Konzept* gelesen. Aus unseren Gesprächen mit Menschen aus allen Schichten und Berufen, die sich die Zeit genommen haben, uns ihre Gedanken über dieses Manuskript oder das vorangegangene Buch mitzuteilen, haben wir viel darüber gelernt, was auf dessen Seiten fehlt und was dieses Arbeitsbuch zu einer wertvollen Ergänzung zu den Werkzeugen machen würde, die vielbeschäftigten Leuten helfen, Gutes zu tun und gute Arbeit zu leisten. Besonders möchten wir all denen danken, die bei den ersten Versionen unserer verschiedenen Fragebogen und Beispiele als Versuchskaninchen gedient haben. Auf diesen Seiten sehen Sie die Frucht ihrer Bemühungen.

Genauso wichtig wie die Hilfe von denen, für die diese Arbeit nicht dem Lebensunterhalt dient, sind die Unterstützung und Ratschläge, die wir von unseren Freunden und Kollegen vom Harvard Negotiation Project sowie von Conflict Management, Inc. (CMI) und der Conflict Management Group (CMG) erhalten haben. Die Hilfe eines jeden von ihnen war selbstlos und unschätzbar. Jedes Kapitel, das wir ihnen mit der Bitte um Kommentare zuschickten, kam mit wohlüberlegten Fragen, nützlichen Hinweisen zum Überdenken oder Neugestalten eines Themas und der Ermutigung zum Weitermachen zurück. Und wie in jeder Situation gab es einige Personen, die eine größere Rolle gespielt haben, denen wir besonders danken möchten. Dies sind Scott Peppet und Drew Tulumello von Harvard sowie Heather Meeker Green, Melannie Merkau und Liliana Zindler von CMI. Ohne ihre Bereitschaft zu helfen, so daß die Arbeit unter schwierigen Bedingungen und mit zahlreichen Überstunden durchgeführt werden konnte, hätten wir dieses Projekt nie beenden können.

*Roger Fisher*
*Danny Ertel*

# Vorwort
## zur deutschen Ausgabe

Auch wenn wir über die Bedeutung von Vorbereitungen auf eine Verhandlung viel gelernt haben, sind wir selber nach wie vor recht unvorbereitet auf eine der wichtigeren Verhandlungen, welche Autoren führen – nämlich um das Interesse und die Aufmerksamkeit neuer Leser. So klein die Welt in diesem Zeitalter der weltweiten Kommunikation auch geworden ist, wir wissen dennoch kaum genug über unsere Partner in anderen Ländern, die unterschiedliche Sprachen sprechen und in anderen Kulturen leben. Daher schreiben wir mit einigem Bangen für ein Publikum, das die erste nicht englischsprachige Leserschaft von *Getting Ready to Negotiate* sein wird.

Seit Erscheinen dieses Buches in den USA finden wir unsere Kernthese weiterhin bestätigt: Das Wichtigste von allem, was ein Verhandlungsführer beeinflussen kann, sind Niveau und Qualität der eigenen Vorbereitung. Weil Verhandlungen dynamische Interaktionen sind, bei denen jeder Beteiligte nur eine von vielen Rollen spielt, ist die Fähigkeit der Verhandlungspartner begrenzt, den Ablauf im voraus zu fixieren oder das Ergebnis festzulegen. Über unsere Vorbereitung können wir jedoch ganz allein bestimmen, und wir sind nur durch die Priorität, die wir dieser Aktivität beimessen, und durch die Werkzeuge begrenzt, die wir benutzen, um das Beste daraus zu machen.

Bei unserer Tätigkeit als Berater von Verhandlungsführern von Regierungen und Unternehmen, als Vermittler in komplexen Auseinandersetzungen mit mehreren Parteien und als Kursleiter und Trainer am Arbeitsplatz haben wir festgestellt, daß die Art und Weise, mit der man sich auf eine Verhandlung vorbereitet, aufs engste mit dem verbunden ist, was während der Verhandlung geschieht. Man kann nicht immer sicherstellen, daß eine Verhandlung als kreativer, einvernehmlicher Problemlösungsprozeß ablaufen wird, aber wenn Sie sich nur darauf vorbereiten, Forderungen zu stellen und Limits festzulegen, wird Ihre einzige effektive Tätigkeit nur im Feilschen bestehen können.

In diesem Buch möchten wir Ihnen aus unserer Forschung im Rahmen des *Harvard Negotiation Project* und unserer Praxis bei *Conflict Management* einige Werkzeuge vorstellen, die den Vorbereitungsprozeß effizienter und effektiver machen dürften. Der Leser kann zwischen Werkzeugen wählen, die ihm helfen sollen, entweder einen raschen Überblick über das Problem zu erhalten oder tiefer in einen bestimmten Aspekt des Verhandlungsprozesses einzudringen. Wir hoffen, Sie werden uns Ihre Erkenntnisse mitteilen und Vorschläge unterbreiten, wie wir die Werkzeuge weiter verbessern können.

Eine Einführung in die deutsche Ausgabe von *Getting Ready to Negotiate* wäre unvollständig, ohne Herrn Ulrich Egger besonders zu erwähnen und ihm zu danken: Er ist für die Verbreitung dieser Ideen in Europa unermüdlich tätig, und er war bei der Vorbereitung der deutschen Ausgabe sehr hilfreich. Ulrich Egger ist Mitbegründer von Egger, Philipps & Partner AG, Zürich, und er unterstützt und fördert in einer mehr als zehnjährigen Verbindung zu uns nicht nur diese Konzepte, sondern gibt uns auch für den Test der Ideen und ihre Anpassung an unterschiedliche Bedingungen wertvolles Feedback.

Es ist uns auch wichtig, das Engagement des Campus Verlags zu erwähnen und anzuerkennen. Der Verlag fördert seit der Veröffentlichung des Buches *Das Harvard-Konzept* diese Konzepte mit ihrer Verbreitung im deutschen Sprachraum und hilft auf diese Weise, die Methoden zu verbessern, mit denen auf der Welt mit unterschiedlichen Meinungen umgegangen wird.

*Danny Ertel*
*Roger Fisher*
Cambridge, Massachusetts

# Benutzung dieses Arbeitsbuches

# 1

## EINFÜHRUNG

Wozu ein Arbeitsbuch, das Leuten bei der Vorbereitung auf eine Verhandlung helfen soll? Vor rund fünfzehn Jahren wurde in den USA *Das Harvard-Konzept* veröffentlicht und weltweit millionenfach verkauft. Aber sogar seine Leser und Fans erzählen uns, sie fühlten sich bezüglich ihrer Art des Verhandelns oft unwohl und unsicher; das ganze Verfahren sei manchmal von Streß erfüllt und das Ergebnis miserabel. Sie wissen, wie eine Verhandlung ablaufen sollte, aber sie fühlen sich möglicherweise hereingelegt und grob behandelt, oder sie stimmen etwas zu, das schlechter ist, als es sein sollte, worunter die Beziehungen leiden. Vielleicht hätten sie aufstehen und weggehen sollen, aber sie wußten nicht, wann sie die Verhandlung hätten verlassen und wohin sie hätten gehen sollen. Das sind einige der Symptome, die uns veranlaßten, dieses Buch zu schreiben.

## Diagnose: nicht vorbereitet

Gleich welcher Art von Verhandlung man gegenübersteht – von einem internen Problem im Büro bis zu einem internationalen Verkaufsgeschäft, vom Streben nach einer Gehaltserhöhung bis zur Übernahme eines Unternehmens, von der Verhandlung mit einer Gewerkschaft bis zur Verhandlung mit den Russen –, die mangelnde Vorbereitung ist vielleicht das größte Handicap. Das gilt für eine laufende Verhandlung wie für eine, die noch nicht begonnen hat, und es ist auch gleich, wieviel Erfahrung man besitzt. Je erfahrener man ist, desto größer ist sogar das Risiko, daß man in eine etablierte Vorbereitungsroutine verfällt, die wenig Rücksicht nimmt auf die Personen, mit denen man verhandelt, oder auf das besondere Problem, mit dem man es zu tun hat.

Bei Conflict Management, Inc., und der Conflict Management Group (zwei Consulting-Unternehmen, die gegründet wurden, um die Konzepte und Werkzeuge des Harvard Negotiation Project in die Geschäftswelt und staatliche Politik einzuführen) haben wir ständig festgestellt, daß eines der wirkungsvollsten Mittel, Verhandlungspartnern zu besseren Ergebnissen zu verhelfen, darin besteht, sie bei einer effektiveren Vorbereitung zu unterstützen. Nach unseren Feststellungen gilt das gleichermaßen für die Arbeit mit Leuten in Unternehmen, Regierungen, Guerilla-Gruppen und Gewerkschaften.

## Warum sind Verhandlungspartner nicht vorbereitet?

*Man nimmt an, »nur reden« sei mit geringem Risiko verbunden*

Manchmal mag man eine Vorbereitung für unwichtig halten. Da man weiß, daß man nicht zu einer Übereinkunft gezwungen werden kann, sieht man ein geringes Risiko darin zu sagen: »Laßt uns hören, was die Gegenseite zu sagen hat.« Wenn es einem gefällt, kann man es akzeptieren; wenn es einem nicht gefällt, kann man weggehen. Wir haben jedoch festgestellt, daß die Risiken sehr groß sind, wenn man unvorbereitet ist. Wie will man wissen, ob man zustimmen soll, wenn man keine Präzedenzfälle oder andere Vergleichsmöglichkeiten hat, das Abkommen zu bewerten? Wie will man wissen, ob man die Verhandlung verlassen soll, wenn man keine Vorstellung davon hat, welchen Vorteil man anderswo erwarten kann?

Vielleicht noch wichtiger ist, daß man die Initiative der anderen Seite überläßt, wenn man nicht vorbereitet ist. Man verringert die Möglichkeit, gute Ideen und Argumente vorzubringen, die das Problem schnell und zur beiderseitigen Zufriedenheit lösen. Man beraubt beide Seiten der Kreativität.

*»Vorbereitung nimmt zu viel Zeit in Anspruch«*

Vorbereitung benötigt Zeit – aber sie spart wahrscheinlich mehr, als sie beansprucht. Ein gut vorbereiteter Verhandlungsführer kann viel schneller und besser die Themen für eine Übereinkunft einengen, elegante Optionen formulieren oder unverbindliche Angebote bewerten als ein Verhandlungspartner, der das Gelände nicht kennt. Unserer Meinung nach sollte man im allgemeinen für die Vorbereitung so viel Zeit aufwenden, wie für die eigentliche Verhandlung zu erwarten ist. Sicher sind einige Angelegenheiten trivial und verdienen oder erfordern keine große Vorbereitung. Bei anderen steht jedoch viel auf dem Spiel, und es sind zahlreiche Probleme und eventuell mehrere Parteien einbezogen. In solchen Fällen ist eine umfassende Vorbereitung ratsam. Unabhängig von der Situation wird der Zeitaufwand für die Vorbereitung langfristig gesehen wahrscheinlich Zeit sparen.

*Die Leute wissen nicht, wie man sich gut vorbereitet*

Viele Leute halten sich für vorbereitet, wenn sie wissen, was sie wollen und worauf sie verzichten werden. Aber wenn die Vorbereitung darin besteht, eine Wunschliste mit einer Rückzugsposition anzufertigen, wird man nur darauf vorbereitet sein, in der Verhandlung Forderungen zu stellen und Konzessionen zu machen. Vorbereitung auf Positionen führt zu Verhandlungen um Positionen. Wenn man sich darauf konzentriert, was man fordern und aufgeben will, richtet man sich auf eine kontrovers geführte Verhandlung mit einem Nullsummenergebnis ein. Aber diese Art der Vorbereitung verhindert oft das Finden kreativer Lösungen, die den Kuchen vergrößern, bevor er aufgeteilt wird, oder das Seite-an-Seite-Arbeiten, um ein gemeinsames Problem zu lösen.

Die Vorbereitung auf Positionen ist die größte Quelle von Streß und Angst während Verhandlungen. Man könnte denken, daß man sich bei Zugeständnissen selbstsicherer fühlen wird, wenn man Zeit und Energie für die Planung der Forderungen und Konzessionen aufgewandt hat. Aber in Wirklichkeit hat ein Verhandlungspartner, der sich auf Positionen versteift – auch wenn er darüber nachgedacht hat, welche Positionen er einnehmen und welche Konzessionen er machen soll –, nur eine geringe Basis für die Entscheidung, wann Zugeständnisse sinnvoll sind. Konzessionen zu machen, wenn die andere Seite nicht will, belohnt nur deren schlechtes Benehmen. Keine zu machen kann jedoch zu einem Wettbewerb führen, wer den größten Dickkopf hat. Eine Vorbereitung, die nur in einer Liste von Forderungen und Konzessionen besteht, ist eine Vorbereitung auf eine schlechte Verhandlung.

## Ein systematischer Ansatz für die Vorbereitung

Nach allen Erfahrungen profitiert die Vorbereitung von einem systematischen Ansatz. Hier kommt dieses Arbeitsbuch ins Spiel. Um gut vorbereitet zu sein, muß man sich mit der gesamten Verhandlung beschäftigen, eine Checkliste benutzen, um die Bereiche zu identifizieren, in denen eine Vorbereitung wahrscheinlich am hilfreichsten ist, und dann mit der Arbeit beginnen. Das System, das wir hier vorschlagen, sollten Sie so lange benutzen, bis Sie eines entwickelt haben, das für Sie besser funktioniert.

Es gibt nicht nur *eine* richtige Methode, seine Ideen zu ordnen. Wir haben im Laufe der Zeit das entwickelt, was wir »Theorie für Praktiker« nennen – Konzepte und Werkzeuge, die vielbeschäftigten Leuten helfen, ihr Denken über Verhandlungen zu klären und zu ordnen.

### Ziel: ein gutes Ergebnis

Als eine Verhandlung mit einem guten Ergebnis könnte man eine ansehen, die sieben Elemente einbezieht. Je besser man mit jedem Element umgeht, desto besser ist das Ergebnis.

*Interessen:* Unabhängig von der Forderung oder »Position« wünschen die an der Verhandlung Beteiligten ein Ergebnis, das ihren zugrundeliegenden Interessen entspricht – den Dingen, die sie benötigen oder um die sie sich Sorgen machen. Je mehr man vorher über seine Interessen nachgedacht hat, desto wahrscheinlicher werden sie befriedigt.

*Optionen:* Die besten aller Möglichkeiten, mit den unterschiedlichen Interessen umzugehen, sollten ein gutes Ergebnis haben. Mit »Optionen« meinen wir mögliche Übereinkünfte oder Teile einer möglichen Übereinkunft. Je mehr Optionen man bereit hat, desto wahrscheinlicher wird man eine realisieren können, die mit den eigenen Interessen im Einklang ist.

*Alternativen:* Ein gutes Ergebnis sollte besser sein als jede Alternative außerhalb der Verhandlung, d. h. besser als das, was man selbst oder mit anderen tun könnte. Bevor man einen Vertrag unterschreibt – oder ablehnt –, sollte man sich darüber klar sein, was man sonst tun könnte.

*Legitimität:* Niemand will unfair behandelt werden. Es ist hilfreich, externe Standards zu finden, die man als »Lanze« benutzen kann, um andere davon zu überzeugen, daß sie fair behandelt werden, und als »Schild«, um einen selbst davor zu schützen, hereingelegt zu werden.

*Kommunikation:* Unter sonst gleichen Umständen ist ein Ergebnis besser, wenn es effizient erzielt wurde. Das erfordert eine gute Kommunikation in beiden Richtungen, da jede Seite die andere zu beeinflussen sucht. Man sollte vorher darüber nachdenken, worauf man hören und was man sagen will.

*Beziehung:* Ein gutes Ergebnis wird die Arbeitsbeziehungen eher stärken als schädigen. Die Vorbereitung kann einem helfen, über die zwischenmenschlichen Beziehungen nachzudenken, d. h. über die Personen am Tisch. Man sollte eine Vorstellung davon haben, wie man eine Beziehung aufbauen kann, die eine Übereinkunft erleichtert anstatt behindert.

*Verpflichtung:* Die Qualität eines Ergebnisses kann auch an der Qualität der Versprechungen gemessen werden, die gegeben werden. Solche Verpflichtungen sind wahrscheinlich besser, wenn man vorher über die Versprechen nachgedacht hat, die man während oder bei Abschluß einer Verhandlung realistischerweise erwarten oder geben kann.

Wir haben festgestellt, daß fast alles, was man vor einer Verhandlung wissen will, durch Nachdenken über diese sieben Elemente entdeckt werden kann. Sie liefern eine Checkliste, eine systematische Methode der Diagnose einer bevorstehenden Verhandlung und eine Möglichkeit, sich darauf vorzubereiten. Durch das Nachdenken über jedes dieser Elemente – die Bausteine einer Verhandlung – kann man sich mit dem Problem vertraut machen. Das wird einen in die Lage versetzen, gut ausgerüstet in eine Verhandlung zu gehen, um ein gutes Ergebnis zu erzielen, oder, falls das nicht möglich ist, zu wissen, wann man den Verhandlungstisch verlassen sollte.

## Wie dieses Arbeitsbuch benutzt werden kann

Je vertrauter Sie mit diesem Buch und mit Ihrer bevorstehenden Verhandlung werden, desto leichter wird ein erfolgreicher Einsatz der Konzepte und Werkzeuge sein. Auch wenn Ihnen beide fremd sind, sollte das Buch rasch zu einem beruhigenden Führer werden. Damit Sie beginnen können, schlagen wir vier Möglichkeiten Ihres Vorgehens vor.

### 1. Lesen Sie zuerst bis zum Ende

Lesen Sie diese Einführung zu Ende und dann die grundlegenden sieben Kapitel, ohne irgendwelche Fragebogen auszufüllen. Das wird Ihnen eine gute Vorstellung des Inhalts geben und wie er Ihnen helfen könnte. Kehren Sie dann zu dem Abschnitt *Vorbereitung auf Prioritäten* zurück, bestimmen Sie einige Schlüsselelemente für Ihre Vorbereitung und füllen Sie die Fragebogen für die Elemente aus, die Ihren Prioritäten entsprechen.

### 2. Schnelle Vorbereitung

Falls entweder die Zeit vor einer bevorstehenden Verhandlung kurz ist, die Angelegenheit nur begrenzte Bedeutung besitzt oder Sie eine schnelle Hilfe wünschen, um vorbereitet zu sein, wenden Sie sich dem Arbeitsblatt *Schnelle Vorbereitung* zu.

## 3. Vorbereitung auf Prioritäten

Steigen Sie mit Hilfe der Fragen in den Arbeitsblättern *Vorbereitung auf Prioritäten* direkt in die Analyse Ihrer bevorstehenden Verhandlung ein. Entscheiden Sie dann im Lichte dieser Diagnose, welchen Elementen Sie vorrangig Ihre Aufmerksamkeit schenken sollten, und füllen Sie die entsprechenden Fragebogen aus. Da die Vorbereitung kein einstufiger Prozeß ist, können Sie zwischen Sitzungen oder während Verhandlungspausen dieses Arbeitsbuch noch einmal durchgehen, insbesondere, wenn neue oder unvorhergesehene Schwierigkeiten aufgetreten sind. Die »Werkzeuge« – Arbeitsblätter und Fragebogen – in diesem Arbeitsbuch können Ihnen helfen, Ihr Denken in jeder Phase einer Verhandlung zu ordnen.

## 4. Vollständige Vorbereitung

Arbeiten Sie an allen Elementen und füllen Sie die Fragebogen in den Kapiteln 3 bis 9 aus. Wir raten Ihnen, zwischen den Fragebogen hin- und herzugehen, indem Sie zuerst an dem Material arbeiten, in dem Sie sich am sichersten fühlen, und identifizieren Sie dann weitere Punkte, die Sie eventuell tiefer untersuchen müssen oder bei denen Sie Hilfe benötigen.

Die beste Vorbereitungs-Checkliste oder -methode ist die, die Sie selbst erarbeiten. Dieses Arbeitsbuch mit seinen Arbeitsblättern und Fragebogen soll Ihnen helfen, die für Sie beste Methode zu entwickeln, sich auf eine Verhandlung vorzubereiten.

# 2

## HABEN SIE ES EILIG?

Eine gute Vorbereitung muß nicht viel Zeit in Anspruch nehmen. Klares Denken und einige Minuten konzentrierter Aufmerksamkeit werden Ihre Effektivität im Verhandeln dramatisch steigern. Wenn Sie erwarten, daß Ihre Verhandlung kurz und freimütig sein wird, wenn das, was auf dem Spiel steht, keinen großen Einsatz an Zeit und Aufwand rechtfertigt oder wenn Sie einen ersten Schritt in Richtung auf eine gründlichere Vorbereitung machen wollen, schlagen wir vor, daß Sie sich eine grobe Skizze des Verhandlungsgeländes anfertigen. Das wird Sie wesentlich besser vorbereiten, als es nur zu überfliegen oder eine Liste der Forderungen und Rückzugspositionen aufzustellen.

Für manche Verhandlungen wird eine grobe Skizze nicht ausreichen, während das Durcharbeiten *aller* Fragebogen in diesem Arbeitsbuch zuviel erscheinen mag. Um Ihre Vorbereitungszeit einzuteilen, sollten Sie einige Zeit auf die Diagnose der bevorstehenden Verhandlung verwenden – so wie ein Arzt wichtige Körperfunktionen abcheckt –, bevor Sie fortfahren und erhebliche Zeit und größeren Aufwand in die Vorbereitung investieren.

Eine Grundannahme hinter all den Arbeitsblättern und Fragebogen in diesem Arbeitsbuch ist die, daß eine Struktur und ein System Ihnen zu einer besseren Vorbereitung verhelfen. »Besser« muß nicht immer detaillierter oder zeitaufwendiger bedeuten. Besser heißt alles, was für die Verhandlung geeignet ist. Ein systematischer Ansatz wird Sie in den Fällen effizienter machen, in denen Sie nicht genug Zeit haben. Er wird Ihr Denken ordnen und klären, was in ungeordneten und komplizierten Situationen vor sich geht. Er wird Ihnen helfen, alles Wesentliche abzudecken, wo Sie vielleicht etwas übersehen haben könnten.

In diesem Kapitel führen wir zwei Methoden ein, die sieben Elemente der Verhandlung zu nutzen, die in der Einführung als strukturierter und systematischer Ansatz für die Vorbereitung auf eine Verhandlung beschrieben wurden. Mit *der schnellen Vorbereitung* werden Sie das Gelände nur kurz überfliegen. Das kann alles sein, was Sie für viele Verhandlungen benötigen.

Mit der *Vorbereitung auf Prioritäten* werden Sie auf Informationen beruhende Entscheidungen darüber treffen können, wie Sie Ihre Zeit vorrangig für eine tiefergehende Vorbereitung auf spezielle Verhandlungen verwenden.

## Schnelle Vorbereitung

Das Arbeitsblatt *Schnelle Vorbereitung* soll Ihnen helfen, rasch ein Gefühl dafür zu bekommen, worum es in der Verhandlung geht und wohin sie führen könnte, auch wenn Sie nur kurze Zeit für die Vorbereitung verwenden. Das Ausfüllen dieses Arbeitsblattes stellt eine gute Möglichkeit für den Beginn einer umfassenderen Vorbereitung dar, und es kann sogar für eine fünfminütige Verhandlung am Telefon ausreichen. Nehmen Sie sich die Zeit, um dieses Arbeitsblatt auszufüllen, und halten Sie es während der Verhandlung griffbereit. Es könnte Ihr Gespräch auf konstruktive Optionen und vernünftige Standards lenken, unter denen Sie wählen können. (Das folgende Arbeitsblatt soll als schnelle Hilfe für eine bevorstehende Verhandlung dienen.)

## Schnelle Vorbereitung
*Themen, auf deren Präsentation ich vorbereitet sein sollte*

| Meine Interessen | Optionen | Legitimität | Interessen der Gegenseite |
|---|---|---|---|
| Wofür ich mich wirklich interessiere. Meine Wünsche, Bedürfnisse, Sorgen, Hoffnungen und Ängste. | Mögliche Übereinkünfte | Externe Standards oder Präzedenzfälle, die eine oder beide Seiten davon überzeugen könnten, daß ein vorgeschlagenes Abkommen fair ist. | Wofür meiner Meinung nach die andere Seite sich wirklich interessiert. Ihre Wünsche, Sorgen, Hoffnungen und Ängste. |
| 1. . . . . . . . . . . . . | 1. . . . . . . . . . . . . | 1. . . . . . . . . . . . . | 1. . . . . . . . . . . . . |
| 2. . . . . . . . . . . . . | 2. . . . . . . . . . . . . | 2. . . . . . . . . . . . . | 2. . . . . . . . . . . . . |
| 3. . . . . . . . . . . . . | 3. . . . . . . . . . . . . | 3. . . . . . . . . . . . . | 3. . . . . . . . . . . . . |
| 4. . . . . . . . . . . . . | 4. . . . . . . . . . . . . | 4. . . . . . . . . . . . . | 4. . . . . . . . . . . . . |
| 5. . . . . . . . . . . . . | 5. . . . . . . . . . . . . | 5. . . . . . . . . . . . . | 5. . . . . . . . . . . . . |

**Meine Alternativen, wegzugehen**

Was kann ich tun, wenn ich ohne Abkommen weggehe? Was ist das Beste? Was würde ich wirklich tun?

1. . . . . . . . . . . . . . . . . . . . . . . . . .
2. . . . . . . . . . . . . . . . . . . . . . . . . .
3. . . . . . . . . . . . . . . . . . . . . . . . . .

**Verpflichtung**

Wenn wir zu einer Übereinkunft gelangen, verpflichten wir uns zu einer bestimmten Option.

1. . . . . . . . . . . . . . . . . . . . . . . . . .
2. . . . . . . . . . . . . . . . . . . . . . . . . .
3. . . . . . . . . . . . . . . . . . . . . . . . . .

# Vorbereitung auf Prioritäten

Die Verhandlungssituationen sind nicht immer gleich: Einige Verhandlungen finden zwischen Fremden statt, die wenig voneinander wissen, andere zwischen engen Freunden und wieder andere zwischen Personen, die nicht miteinander reden, geschweige denn versuchen wollen, zwischen ihnen bestehende Probleme anzugehen und zu lösen.

In ähnlicher Weise wirft nicht jede Verhandlung die gleiche Art Sachfrage auf. Einige Verhandlungen scheinen nur eine einfache Antwort der Art »Ja oder Nein« oder »Dein oder Mein« zu erfordern. Mit anderen sind vielfältige Probleme verbunden, die alle auf verschiedene Art gelöst werden können, wobei die Parteien viele mögliche Lösungspakete zu bedenken haben.

Nicht nur kann es mehr als ein Problem geben, es können auch mehr als zwei Verhandlungspartner beteiligt sein. Einige von ihnen sprechen für sich selbst, andere können Klienten oder die verschiedensten Interessengruppen vertreten.

Außer nach diesen Merkmalen kann man Verhandlungen noch auf andere Art unterscheiden – nach dem, was sie wahrscheinlich schwierig machen wird, oder nach dem erforderlichen Aufwand, sie voll auszunutzen. Zum Beispiel verlangen einige Verhandlungen viel Kreativität, um die zugrundeliegenden Bedürfnisse und Interessen der Verhandlungspartner zur Deckung zu bringen, damit innovative Lösungen gefunden werden können. Andere werden in erster Linie die Einführung von Maßstäben der Objektivität oder Legitimität in eine sonst auf Konfrontation beruhende Diskussion erfordern.

Auch wenn die Arbeitsblätter und Analysen in den folgenden Kapiteln für den gut vorbereiteten Verhandlungspartner wahrscheinlich nützlich sein werden, kostet jeder kleinste Teil der Vorbereitung Zeit, Energie und Mühen. Das Leben in der modernen Welt hat zur Folge, daß wir nicht immer so viel Zeit aufwenden können, wie wir sollten, um alles zu tun, was wir sollten. Um wirklich nützlich zu sein, sollte eine Anleitung zur Verhandlungsvorbereitung uns helfen, unsere Anstrengungen nach Prioritäten einzuteilen, die wirklich wichtigen Dinge von den weniger wichtigen zu trennen, und richtige Entscheidungen über unseren Zeiteinsatz zu treffen.

Die Relevanz und Nützlichkeit einiger Werkzeuge und Analysen, die in den folgenden Kapiteln dargestellt werden, hängt davon ab, wo Sie in der Verhandlung stehen, worum es bei ihr geht und was Sie über die Gegenseite wissen. Da es keine Patentlösungen gibt, die Ihnen genau sagen können, wie Sie sich auf jede mögliche Art Verhandlung vorbereiten, werden die diagnostischen Fragen in diesem Abschnitt Ihnen helfen zu bestimmen, wo Sie Ihre Vorbereitungszeit am wirkungsvollsten und am produktivsten einsetzen.

Ihre Diagnose könnte zu der Empfehlung führen, sich auf eine besondere Art der Vorbereitung zu konzentrieren. Das bedeutet nicht, daß Sie aufhören sollten, wenn Sie die Fragebogen des betreffenden Kapitels durchgearbeitet haben. Falls Sie Zeit haben, bearbeiten Sie noch ein oder zwei weitere Kapitel. Um so systematisch und produktiv wie möglich zu sein, könnten Sie nach jedem Schritt der Vorbereitung Ihre anfängliche Diagnose überprüfen und nötigenfalls modifizieren.

Ihr Denken über die wichtigsten Probleme kann sich ändern, wenn Sie weiter in die Verhandlung einsteigen.

Denken Sie über die folgenden Gruppen von Fragen nach. Sie repräsentieren typische Fragen oder Probleme, die in Verhandlungen auftauchen. Nicht jede Frage innerhalb einer Gruppe wird direkt anwendbar sein. Wählen Sie dennoch, um einen Anfang zu machen, die Fragengruppe aus, die Sie am meisten interessiert. Die Fragen in dieser Gruppe definieren die Hauptschwierigkeiten, denen Sie in Ihrer Verhandlung gegenüberstehen. Wenden Sie sich zur Vorbereitung auf die Überwindung dieser Schwierigkeiten dem Kapitel zu, das in der ausgewählten Fragengruppe angegeben ist.

*Welche vorrangigen Probleme gibt es, für die eine Vorbereitung ein Teil der Lösung sein könnte?*

Interessen

• Werden wir wahrscheinlich über unsere Positionen und Forderungen streiten?

• Warum will ich das, was ich will? Bin ich mir sicher?

• Habe ich die Probleme/Themen, die für mich wichtig sind, in eine Rangfolge gebracht?

• Weiß ich nicht genau, woher sie kommen?

• Habe ich noch nicht überlegt, was ich wollte, wenn ich in der Situation der Gegenseite wäre?

> Wenn diese Fragen für Ihre Verhandlung wesentlich schei-
> nen, gehen Sie zu *Kapitel 3: Interessen* und arbeiten Sie die
> Fragebogen durch.

Optionen

- Sieht die Situation so aus, als ob der eine gewinnen, der andere verlieren muß?
- Ist dies eine geschäftliche oder Familiensituation, in der beide Seiten etwas zu gewinnen haben?
- Sind unsere Interessen möglicherweise kompatibel?
- Haben wir uns nie zu einem gemeinsamen Nachdenken über die Möglichkeiten zusammengesetzt?
- Sind wir in eine Sackgasse geraten?

> Wenn diese Fragen für Ihre Verhandlung wesentlich schei-
> nen, gehen Sie zu *Kapitel 4: Optionen* und arbeiten Sie die
> Fragebogen durch.

Alternativen

- Meine ich, daß ich zu einer Übereinkunft gelangen muß? Nehme ich an, daß die andere Seite es muß?
- Bin ich unsicher, was ich tun werde, falls die Verhandlungen ohne Abkommen enden?
- Glaube ich, daß die Gegenseite mehr Macht hat? Daß ich mehr Macht habe?
- Weiß ich, was sie tun wird, falls wir uns nicht einigen?

> Wenn diese Fragen für Ihre Verhandlung wesentlich schei-
> nen, gehen Sie zu *Kapitel 5: Alternativen* und arbeiten Sie die
> Fragebogen durch.

## Legitimität

- Mache ich mir Sorgen, daß ich hereingelegt werden könnte? Werde ich unfair behandelt?

- Würde es helfen, der Gegenseite überzeugende Argumente zu nennen, warum mein Vorschlag für sie fair ist?

- Werde ich anderen erläutern müssen, warum ich dem zugestimmt habe, was wir vereinbaren? Muß die Gegenseite es tun?

- Wird es Kritiker geben, die es auf einen oder uns beide abgesehen haben?

> Wenn diese Fragen für Ihre Verhandlung wesentlich scheinen, gehen Sie zu *Kapitel 6: Legitimität* und arbeiten Sie die Fragebogen durch.

## Kommunikation

- Weiß ich, worauf ich hören will?

- Bin ich darauf vorbereitet, allem, was die Gegenseite sagt, aufmerksam und einfühlend zuzuhören?

- Sind die Botschaften, die ich übermitteln will, eindeutig?

- Habe ich darüber nachgedacht, wie ich reden will, damit die Gegenseite bereit ist, mir zuzuhören?

> Wenn diese Fragen für Ihre Verhandlung wesentlich scheinen, gehen Sie zu *Kapitel 7: Kommunikation* und arbeiten Sie die Fragebogen durch.

## Beziehung

- Wird unsere Arbeitsbeziehung voraussichtlich schwierig sein?

- Werde ich wahrscheinlich dieser Person gegenüber defensiv oder feindselig eingestellt sein?

- Könnte diese Verhandlung unsere Beziehung schädigen?
- Könnte es für mich schwierig sein, mit ihr über Geld zu reden?
- Muß ich mit ihr möglicherweise in Zukunft zusammenarbeiten?

Wenn diese Fragen für Ihre Verhandlung wesentlich scheinen, gehen Sie zu *Kapitel 8: Beziehung* und arbeiten Sie die Fragebogen durch.

Verpflichtung

- Ist mir die Art der Verpflichtung klar, die ich realistischerweise am Ende der Verhandlung erwarten kann?
- Nähere ich mich dem Zeitpunkt, eine Entscheidung zu treffen?
- Gibt es noch mehr zu tun, nachdem wir beide ja gesagt haben?
- Ist mir klar, wer die Autorität besitzt, Verpflichtungen einzugehen?

Wenn diese Fragen für Ihre Verhandlung wesentlich scheinen, gehen Sie zu *Kapitel 9: Verpflichtung* und arbeiten Sie die Fragebogen durch.

Falls die Angelegenheit wichtig ist und Zeit zur Verfügung steht, könnten Sie sich mit jedem Element beschäftigen.

Die folgenden Beispiele, die in den Kapiteln 3 bis 9 ausführlicher dargestellt werden, enthalten Vorschläge, wie die vorangegangenen diagnostischen Fragen helfen können, Elemente für vorrangige Beachtung auszuwählen.

# Einige Beispiele

Ken, Produktmanager in einem Supermarkt, soll zum stellvertretenden Filialleiter befördert werden. Er wünscht eine Gehaltserhöhung von 5000 Dollar. Er meint, sein Gehalt sollte wegen der zusätzlichen Arbeit höher sein als jetzt, und er benötigt das Geld. Ken glaubt, daß er in seiner jetzigen Verhandlungsposition festsitzt und vielleicht Zugeständnisse bezüglich der 5000 Dollar machen muß. Er meint, wenn er »gewinnt«, wird sein Chef verlieren. Er hat die Interessensfragen als die wichtigsten und die Optionsfragen als seine nächste Priorität eingestuft. Ken sollte sich mit *Kapitel 3: Interessen* beschäftigen, um sich zu helfen, aus seiner Position herauszukommen und einen Kampf um Zugeständnisse zu vermeiden. Er hat nur eine Lösung in Betracht gezogen, der er zustimmen kann. Wenn die Zeit es zuläßt, sollte er vielleicht auch noch zu *Kapitel 4: Optionen* gehen, um für beide Seiten weitere Ansätze für die Verhandlung zu finden.

Liz, leitende Angestellte bei Wholesale Foods (einem nationalen Lebensmittelgroßhändler), wird demnächst mit Terry, einem lokalen Obstplantagenbesitzer, über die Bedingungen des diesjährigen Vertrages verhandeln: über Mengen, Preise, Liefertermine, Transport usw. Sie erinnert sich, daß sie und Terry oft unterschiedliche Interessen und Präferenzen hinsichtlich der Bedingungen hatten. Sie glaubt auch, daß es ein Potential für weitere Vereinbarungen gibt, die für beide Seiten profitabel sind. Liz sollte *Kapitel 4: Optionen* durcharbeiten, um über weitere Möglichkeiten und potentielle Kompensationen und Vorteile nachzudenken.

Steve und Cathy überlegen, von einem lokalen Gebrauchtwagenhändler ein Auto zu kaufen. Sie haben eine Liste ihrer Interessen aufgestellt und sind bereit, ein Geschäft abzuschließen. Sie sind etwas besorgt, daß der Händler nein sagt, und sie wollen sich nicht dazu gedrängt fühlen, etwas zu akzeptieren, das nicht ihren Bedürfnissen entspricht. Steve und Cathy sollten mit *Kapitel 5: Alternativen* beginnen, um darüber nachzudenken, was sie tun werden, falls die Vereinbarung nicht ihren Interessen entspricht. Dieses Kapitel wird ihnen auch helfen, darüber nachzudenken, was der

Händler tun wird, wenn er ihre Bedingungen nicht für angemessen hält. Weil sie nicht hereingelegt werden wollen, könnten sie auch noch *Kapitel 6: Legitimität* durcharbeiten, um Normen der Fairneß festzulegen.

KidWorld Mfg. Co. und die Gewerkschaft ASSEMBLY WORKERS OF AMERICA werden über den Aspekt Krankenversicherung eines neuen Dreijahresvertrags verhandeln. Dieses Thema ist in der Vergangenheit zu einem Problem geworden, da beide Seiten auf ihren Positionen beharrten. Sie wollen ihren jeweiligen Interessengruppen erklären können, warum sie einer Vereinbarung zugestimmt haben. Sie wollen auch eine faire Verhandlung und wollen nicht für die Entscheidungen kritisiert werden, die sie treffen werden. *Kapitel 6: Legitimität* wird der Gewerkschaft helfen, über einige überzeugende objektive Kriterien nachzudenken, die der Gegenseite bei ihrer Entscheidungsfindung helfen und die an dem Abkommen Interessierten von dessen Fairneß überzeugen. Die Gewerkschaft könnte auch einen Blick auf *Kapitel 4: Optionen* werfen, um mehrere kreative Lösungen dieses Problems zu überdenken.

Doris, eine Mieterin, hat mit ihrem Vermieter Ärger wegen dringender Reparaturen in ihrer Wohnung, in der sie seit zwei Jahren wohnt. Er hat die Reparaturen verweigert, und sie denkt daran auszuziehen. Bevor sie jedoch damit beginnt, möchte sie mit ihm über die Situation reden. Sie hat das Gefühl, er hört ihr nicht zu, und sie hat Schwierigkeiten, seine Reaktion zu verstehen. Sie meint, er hat sich grob und unvernünftig verhalten. Doris sollte sich *Kapitel 7: Kommunikation* und *Kapitel 8: Beziehung* ansehen, um über ihre individuelle Sicht der Situation und über Möglichkeiten nachzudenken, die Diskussion so zu gestalten, daß sie glatter verläuft und möglicherweise zu einer Lösung führt.

TrueLab, ein Entwickler und Hersteller von diagnostischer Laborausrüstung, und Advantage Software verhandeln über ein mögliches Joint Venture für die Entwicklung eines Expertensystems, das Routinearbeiten in Labors automatisieren würde. Mark, der Verhandlungsführer von TrueLab, diskutiert seit sechs Monaten mit Advantage Software über dieses Vorhaben und möchte die Verhandlung während des nächsten anderthalbtägigen Meetings zum Abschluß bringen. Mark meint, es sei Zeit für eine Entscheidung und diese nächste Sitzung sei die entscheidende. Er weiß auch, daß es noch mehr zu tun gibt, wenn beide Seiten ja gesagt haben. *Kapitel 9: Verpflichtung* wird Mark helfen, über das Ergebnis dieser entscheidenden Sitzung nachzudenken, und ihn anleiten, eine Liste von Inhalten für die Übereinkunft der gesamten Verhandlung zu entwerfen, die die Hauptfragen beleuchtet, die er berücksichtigen sollte.

Falls Sie jetzt noch keine klare Vorstellung davon haben, welchen Elementen Sie Ihre Hauptaufmerksamkeit schenken sollen, schlagen wir vor, daß Sie die nächsten sieben Kapitel lesen und die Fragebogen ausfüllen, die für Ihre Situation am relevantesten scheinen.

# Die sieben Elemente des Verhandelns

# 3

## INTERESSEN

### Was wollen die Leute wirklich?

Alle Verhandlungspartner haben Interessen. Das sind die Bedürfnisse, Wünsche und Befürchtungen, die unsere Verhandlungen lenken. Interessen sind verschieden von Positionen – den Behauptungen, Forderungen und Angeboten der Parteien während einer Verhandlung. Eine Position ist nur *eine* Möglichkeit, Interessen zu befriedigen. Sie ist eher ein Mittel als ein Ziel.

Erinnern Sie sich an die Geschichte in *Das Harvard-Konzept* von den zwei Kindern, die sich um eine Orange streiten? Eines wollte die Schale, um einen Kuchen zu backen, das andere wollte die Frucht, um Orangensaft zu machen. Jedes der Kinder beharrte auf einer *Position*: »Ich bekomme die Orange!« Schließlich einigten sie sich darauf, die Orange zu teilen. Aber beide hatten zugrundeliegende *Interessen,* die besser befriedigt worden wären, wenn ein Kind die ganze Frucht und das andere die ganze Schale erhalten hätte.

Um in einer Verhandlung erfolgreich zu sein, reicht es nicht aus, um Positionen zu streiten. Ein ausgehandeltes Ergebnis sollte die *Interessen* beider Seiten abdecken, zumindest besser als ohne Vereinbarung. Aber damit die Interessen befriedigt werden, muß man einige übliche Vorbereitungsfehler vermeiden.

## Übliche Fehler

### Konzentration auf Positionen anstatt auf Interessen

Manche Leute bereiten sich auf eine Verhandlung vor, indem sie sich auf Positionen anstatt auf Interessen konzentrieren. Sie formulieren eine erste Forderung – das, was sie verlangen sollten – und legen manchmal ein Limit fest – das Minimum, das sie für akzeptabel halten. Dieser Ansatz hat jedoch Nachteile.

Erstens unterdrückt er die Kreativität. Wenn zum Beispiel ein Käufer und ein Verkäufer nur über ihre Positionen bezüglich des Tarifs für den Transport der Waren reden, werden sie wahrscheinlich weniger über andere Möglichkeiten (Optionen) diskutieren, zum Beispiel über einen variablen Tarif, eine Ladung für den Rücktransport, um eine Leerfahrt zu vermeiden, oder über gemeinsame Wartungszuständigkeit. Durch das Versäumnis, die wirklichen Interessen zu erkunden, die den Positionen zugrunde liegen, werden sie, wie die Kinder, die sich um die Orange streiten, mit geringerer Wahrscheinlichkeit einen gemeinsamen Nutzen finden, der beide Seiten besserstellt.

Zweitens kann die ausschließliche Vorbereitung auf Positionen die Beziehung verschlechtern. Wenn man nur über das minimale und maximale Angebot nachgedacht hat, wird eine Verhandlung wahrscheinlich zu einem angespannten Willenskampf werden, bei dem sich beide Seiten gezwungen fühlen, bis zuletzt hart zu bleiben, indem sie darauf beharren, daß ihre Position korrekt ist. So ein Machtkampf setzt eine Beziehung unter Druck.

*Nur daran denken, was wir wollen*

Man könnte annehmen, sich auf eine Verhandlung vorzubereiten bedeutet, nur daran zu denken, was *wir* wollen. Das ist aber nicht der Fall. Ein mögliches Abkommen, das nur unsere Interessen berücksichtigt, ist wertlos, wenn es nicht auch die Interessen der anderen Seite ausreichend befriedigt, so daß sie bereit ist, es zu akzeptieren. Wir müssen ihre Interessen *mindestens* annehmbar berücksichtigen. Wenn wir ausschließlich über unsere eigenen Interessen reden, signalisieren wir außerdem, daß wir nicht bereit sind, Seite an Seite zu arbeiten. Das erschwert das gemeinsame Nachdenken und die Suche nach kreativen Optionen.

# Der gut vorbereitete Verhandlungspartner

*Suchen Sie nach den Interessen hinter den Positionen*

Bei jeder Verhandlungsposition, die man einnimmt, sollte man sich fragen: »Warum?« oder »Zu welchem Zweck?« Warum will ich die Lieferung am Fünfzehnten? Zu welchem Zweck will ich Barzahlung? Diese Fragen lassen uns über die Bedürfnisse nachdenken, die unser größtes Anliegen sind. Sie enthüllen die Interessen, die unseren Forderungen zugrunde liegen.

Wenn man unsicher ist, ob etwas eine Position oder ein Interesse ist, sollte man prüfen, ob es mehr als eine Möglichkeit der Befriedigung gibt. Ist das nicht der Fall – wenn man zum Beispiel sagt: »Ich fordere einen Firmenwagen!« –, ist es eine Position. Dann sollte man weitersuchen. Wenn es im Gegensatz dazu mehrere Möglichkeiten gibt, eine Forderung zu erfüllen – wie bei dem Wunsch »Ich möchte eine Transportmöglichkeit zur Arbeit« oder »Ich möchte einen höheren Status in der Firma« –, dann liegt wahrscheinlich ein Interesse vor. Auch wenn Sie ein Interesse identifiziert haben, suchen Sie nach tiefer liegenden Interessen, indem Sie weiter fragen: »Warum?« und »Zu welchem Zweck?«

*Setzen Sie Prioritäten bei Ihren Interessen*

Nachdem man über seine Interessen nachgedacht hat, ist es nützlich, sie in eine Rangfolge zu bringen. Das wird einem helfen, vorgeschlagene Optionen schneller und effizienter zu bewerten und zu vergleichen. Es kann auch dazu verhelfen, das optimale Ergebnis zu erzielen: Man kann ein vorgeschlagenes Abkommen überarbeiten, damit die wichtigsten Interessen berücksichtigt werden. Falls ein Termin bevorsteht, wird die Priorisierung der Interessen die Probleme hervorheben, denen man seine Zeit widmen sollte.

*Berücksichtigen Sie die Interessen der Gegenseite*

Dies ist ein schwieriger Aspekt des Verhandelns. Man erwartet oft von den anderen, daß sie die Welt so sehen, wie man sie selbst sieht. Man muß jedoch die Interessen der anderen Seite verstehen, wenn man eine akzeptable Option vorschlagen will.

Im Verlauf einer Verhandlung kann man die Interessen der Gegenseite besser erforschen, indem man die gleichen Fragen stellt wie bei der Identifizierung der eigenen Interessen: »Warum?« und »Zu welchem Zweck?« oder, indem man Vorschläge macht und fragt: »Ist daran etwas falsch?« Man kann auch darüber nachdenken, warum die andere Seite zu einem Vorschlag nein sagt und warum das Nein aus ihrer Sicht sinnvoll sein könnte.

Aber vor Beginn einer Verhandlung sollte man sich vorbereiten. Man könnte den Verhandlungspartner bitten, zu einem Vorverhandlungsmeeting zu kommen, um nur über Interessen zu diskutieren. Man könnte ihn besuchen und Fragen stellen, wobei man darauf achten sollte, die Fragen so zu formulieren, daß sie zu einer hilfreichen Antwort einladen: »Ist meine Annahme zutreffend, daß Ihnen dieses Thema ein großes Anliegen ist, aber nicht jenes?« »Helfen Sie mir bitte, Ihre wichtigsten Anliegen zu verstehen.« Außerdem kann man sich mit Leuten beraten, die den gleichen Beruf haben oder in der gleichen Branche arbeiten wie unser Verhandlungspartner, oder mit Leuten in unserer eigenen Institution, die eine ähnliche Stelle innehaben. Oder man kann Artikel über ihn oder sein Unternehmen lesen. Welchen Ansatz man auch wählt, es ist nützlich, einige Vorstellungen von den Interessen der anderen Seite zu haben, bevor man in eine Verhandlung geht.

Die folgenden Fragebogen sollen Ihnen helfen, die relevanten Interessen herauszufinden und zu gewichten.

## Interessen 1:

*Feststellung der relevanten Parteien*

**Verhandelnder:** ...........................................

**Gegenseite:** ...........................................

**Gegenstand:** ...........................................

Tragen Sie die Namen der Personen oder Gruppen ein, die an dieser Verhandlung beteiligt sind. Setzen Sie sich als »Verhandelnden« ein und die Person, mit der Sie es direkt zu tun haben, als »Gegenseite«. Tragen Sie unten die Namen anderer Personen/Gruppen ein, die von dem Ergebnis der Verhandlung erheblich betroffen sein könnten.

| **Personen auf »meiner Seite«,** die an dem Ergebnis interessiert sein könnten. | **Personen auf der »Gegenseite«,** die an dem Ergebnis interessiert sein könnten. |
|---|---|
| **Interessengruppen?** | **Interessengruppen?** |
| .......................................... | .......................................... |
| **Freunde?** | **Freunde?** |
| .......................................... | .......................................... |
| **Familie?** | **Familie?** |
| .......................................... | .......................................... |
| **Chef?** | **Chef?** |
| .......................................... | .......................................... |
| **Sonstige?** | **Sonstige?** |
| .......................................... | .......................................... |
| .......................................... | .......................................... |
| .......................................... | .......................................... |
| .......................................... | .......................................... |
| .......................................... | .......................................... |
| .......................................... | .......................................... |

**Datum:**                                                   **Interessen 1**

## *Interessen 2:*

*Klärung der Interessen*

**Verhandelnder:**
................................................

**Gegenseite:**
................................................

**Gegenstand:**
................................................

| **Meine** | **Der Gegenseite** | **Von anderen** |
|---|---|---|
| Was interessiert mich? | Wenn ich an ihrer Stelle wäre: Was würde mich interessieren oder mir Sorgen machen? | Was sind die Anliegen anderer, die erheblich betroffen sein könnten? |

| **Persönlich** | **Persönlich** | **Andere 1:** |
|---|---|---|
| ............................... | ............................... | ............................... |
| ............................... | ............................... | ............................... |
| ............................... | ............................... | ............................... |
| ............................... | ............................... | **Andere 2:** |
| ............................... | ............................... | ............................... |
| **Geschäftlich** | **Geschäftlich** | ............................... |
| ............................... | ............................... | ............................... |
| ............................... | ............................... | ............................... |
| ............................... | ............................... | **Andere 3:** |
| ............................... | ............................... | ............................... |
| ............................... | ............................... | ............................... |
| ............................... | ............................... | ............................... |
| ............................... | ............................... | ............................... |
| ............................... | ............................... | ............................... |

**Datum:**                                               **Interessen 2**

## Interessen 3:

*Suche nach tiefer liegenden Interessen*

**Verhandelnder:** ..............................................

**Gegenseite:** ..............................................

**Gegenstand:** ..............................................

Listen Sie in der linken Spalte die wichtigeren Interessen von Ihnen und der Gegenseite auf, die Sie auf dem Blatt **Interessen 2** identifiziert haben. Fragen Sie sich jedesmal »warum?« und »zu welchem Zweck?« Wenn Sie tiefer liegende Interessen entdecken, schreiben Sie sie in die mittlere Spalte. Versuchen Sie dann, Ihre Interessen zu bewerten, indem Sie entsprechend deren relativer Bedeutung 100 Punkte vergeben.

| **Wichtige Interessen** (aus **Interessen 2**) | **Grundlegende bzw. tiefer liegende Interessen** (Fragen Sie sich »warum?« und »zu welchem Zweck?«) | **Relative Bedeutung** (Vergeben Sie 100 Punkte) |
|---|---|---|
| **Meine** | | |
| .............................................. | .............................................. | .............................. |
| .............................................. | .............................................. | .............................. |
| .............................................. | .............................................. | .............................. |
| .............................................. | .............................................. | .............................. |
| .............................................. | .............................................. | .............................. |
| .............................................. | .............................................. | .............................. |
| **Der Gegenseite** | | |
| .............................................. | .............................................. | .............................. |
| .............................................. | .............................................. | .............................. |
| .............................................. | .............................................. | .............................. |
| .............................................. | .............................................. | .............................. |
| .............................................. | .............................................. | .............................. |
| .............................................. | .............................................. | .............................. |

**Datum:**                                                          **Interessen 3**

# Ein Beispiel

Ken ist Produktmanager bei »Saneway«, einem großen Supermarkt, der zu einer nationalen Kette gehört. Nach einigen von seiner Firma angebotenen Managementkursen und fünf Jahren Tätigkeit im Supermarkt soll er zum stellvertretenden Filialleiter befördert werden. Er ist im Begriff, um sein neues Gehalt und die Bedingungen seiner neuen Stellung zu verhandeln.

Ken möchte diese Stellung erhalten, weil sie besser bezahlt wird und größere Verantwortung mit ihr verbunden ist. Er möchte eine Gehaltserhöhung von mindestens fünftausend Dollar, erstens, weil er das Geld braucht, zweitens, weil er meint, die Stelle bringe mehr Arbeit, Verantwortung und Kopfschmerzen mit sich, so daß sie höher bezahlt werden sollte, drittens, weil er gehört hat, daß Wayne, der die Stelle vor der Versetzung zu einer anderen Filiale innehatte, fünftausend Dollar mehr erhielt, als Ken jetzt bekommt, und viertens glaubt er, daß er die Erhöhung verdient.

Ken ist 28 Jahre alt und hat den Bachelor-Abschluß in englischer Literatur. Er war immer daran interessiert gewesen, zur Universität zu gehen und einen Master-Abschluß zu bekommen (obwohl er noch unsicher ist, in welchem Fach). Geldmangel hatte eine Universitätsausbildung verhindert. Seine einzige Finanzquelle ist sein Verdienst bei Saneway, und weitere Kredite aufnehmen will er nicht und kann er sich nicht leisten. Ken wohnt mit seiner dicken Katze Margo in einem bescheidenen, aber angenehmen Studio-Apartment. Die Wohnung ist mindestens 45 Minuten Fahrzeit mit dem Auto von dem Supermarkt entfernt, in dem er jetzt arbeitet, und es gibt kein leicht erreichbares öffentliches Verkehrsmittel. Vor kurzem hat er seinen ramponierten Volkswagen-Käfer für einen neuen Toyota-Pick-up in Zahlung gegeben.

## Interessen 1:

*Feststellung der relevanten Parteien*

**Verhandelnder:** *Ken*

**Gegenseite:** *Lou*

**Gegenstand:** *Beförderung*

Tragen Sie die Namen der Personen oder Gruppen ein, die an dieser Verhandlung beteiligt sind. Setzen Sie sich als »Verhandelnden« ein und die Person, mit der Sie es direkt zu tun haben, als »Gegenseite«. Tragen Sie unten die Namen anderer Personen/Gruppen ein, die von dem Ergebnis der Verhandlung erheblich betroffen sein könnten.

| Personen auf »meiner Seite«, die an dem Ergebnis interessiert sein könnten. | Personen auf der »Gegenseite«, die an dem Ergebnis interessiert sein könnten. |
|---|---|
| **Interessengruppen?** | **Interessengruppen?** *Kunden* |
| **Freunde?** *Meine Freundin Jessie* | **Freunde?** *Arbeitskollegen* |
| **Familie?** | **Familie?** |
| **Chef?** | **Chef?** *Regionalleiter* |
| **Sonstige?** *Meine Katze Margo* | **Sonstige?** *Lieferanten* |
| | *Saneway Corporation* |

**Datum:**

**Interessen 1**

## Interessen 2:

### Klärung der Interessen

**Verhandelnder:** *Ken*

**Gegenseite:** *Lou*

**Gegenstand:** *Beförderung*

| **Meine** | **Der Gegenseite** | **Von anderen** |
|---|---|---|
| Was interessiert mich? | Wenn ich an ihrer Stelle wäre: Was würde mich interessieren oder mir Sorgen machen? | Was sind die Anliegen anderer, die erheblich betroffen sein könnten? |

**Meine** — Was interessiert mich?

**Persönlich**
*Kurzfristig*
1. ~~5000 Dollar~~
   *nicht hereingelegt zu werden*
2. *genug Geld für Miete, Katzenfutter, Tierarzt, Raten für das Auto usw.*
3. *Urlaub*
4. *Krankenversicherung*
*Langfristig*
1. *Gelegenheit zur Entwicklung*
2. *weitere Ausbildung*

**Geschäftlich**
*Kurzfristig*
1. *Beförderung zum stellv. Filialleiter*
2. *Respekt seitens Arbeitgeber, Kollegen und Untergebenen*
3. *einen Präzedenzfall schaffen*
4. *Anreize und Bonusse*
*Langfristig*
1. *eventuell Versetzung zu näher gelegenem Supermarkt*
2. *Beförderung zum Filialleiter*

**Der Gegenseite**

**Persönlich**
1. *daß ich gut dastehe*
2. *daß ich als fair angesehen werde*

**Geschäftlich**
*Kurzfristig*
1. *niedrigstes Gehalt zahlen (worum er sich wirklich Sorgen macht, ist der Gewinn)*
2. *wir brauchen jemanden, der flexibel ist / der sich an ändernde Umwelt / Politik anpassen kann*
3. *die Kunden zufriedenstellen*
4. *stellv. Filialleiter muß:*
   a) *genaue Absatzprognosen und Gehaltsvorhersagen machen*
   b) *Memos an Distrikt- und Abteilungsleiter schreiben*
*Langfristig*
1. *Beziehung zu Lieferanten*
2. *Gewinn*
3. *Präzedenzfall*
4. *einen loyalen u. engagierten Mitarbeiter aufbauen*

**Von anderen**

**Andere 1:**
*Andere Mitarbeiter*
– *ein guter, fairer und konsequenter Manager*
– *gute Arbeitsbeziehung*
– *Ken soll nicht mehr bekommen, als ihm zusteht*

**Andere 2:**
*Kunden*
– *niedrigste Preise*
– *frische Produkte*
– *Qualitätslebensmittel*
– *schnelle und freundliche Bedienung*
– *Laden sieht nett und sauber aus*

**Andere 3:**
*Lieferanten*
– *langfristige Beziehung*
– *Displayplatz zur Verfügung*
– *möglichst viel zum höchsten Preis verkaufen*
– *konstante Belieferung*

**Datum:**

**Interessen 2**

## Interessen 3:

### Suche nach tiefer liegenden Interessen

**Verhandelnder:** *Ken*

**Gegenseite:** *Lou*

**Gegenstand:** *Beförderung*

Listen Sie in der linken Spalte die wichtigeren Interessen von Ihnen und der Gegenseite auf, die Sie auf dem Blatt **Interessen 2** identifiziert haben. Fragen Sie sich jedesmal »warum?« und »zu welchem Zweck?« Wenn Sie tiefer liegende Interessen entdecken, schreiben Sie sie in die mittlere Spalte. Versuchen Sie dann, Ihre Interessen zu bewerten, indem Sie entsprechend deren relativer Bedeutung 100 Punkte vergeben.

| Wichtige Interessen (aus **Interessen 2**) | Grundlegende bzw. tiefer liegende Interessen (Fragen Sie sich »warum?« und »zu welchem Zweck?«) | Relative Bedeutung (Vergeben Sie 100 Punkte) |
|---|---|---|
| **Meine** | | |
| *Geld für den Lebensunterhalt* | *1. Essen, Wohnung, Katze*<br>*2. Faire Vergütung* | *30*<br>*10* |
| *Beförderung zum stellv. Filialleiter* | *3. Höherer Status*<br>*4. Herausforderung und Entwicklung* | *10*<br>*20* |
| *Zukünftige Aufstiegsmöglichkeiten* | *5. Gefühl, nicht in einer Sackgasse zu stecken* | *20* |
| *Zusatzleistungen (Urlaub, Krankenversicherung usw.)* | *6. Innere Ruhe*<br>*7. Gefühl, gut behandelt zu werden* | *5*<br>*5* |
| **Der Gegenseite** | | |
| *Niedrigstmögliches Gehalt zahlen* | *1. Ertragsstarke Filiale* | |
| *Guter stellv. Filialleiter* | *2. Jemand, an den man delegieren kann*<br>*3. Genaue Absatzprognosen*<br>*4. Jemand, der sich um die Berichte an die Zentrale kümmert*<br>*5. Jemand, der flexibel ist* | |
| *Zufriedene Kunden* | *6. Ununterbrochener Absatz*<br>*7. Guter Ruf* | |

**Datum:**

**Interessen 3**

Bei der Vorbereitung auf die Gehaltsverhandlung mit seinem Vorgesetzten Lou muß Ken offensichtlich darüber nachdenken, was er will. Er hat damit begonnen, einige Fragebogen für seine bevorstehende Besprechung auszufüllen.

Ken hat bei seiner Vorbereitung zuerst einige der Personen ermittelt, die an dieser Transaktion beteiligt sind. Man muß sich darüber klar sein, mit wem man verhandelt. Wer ist die Person, der man gegenübersitzt? Welche Organisationen sind beteiligt? Wer sind die Personen, die zwar nicht am Verhandlungstisch sitzen, die aber möglicherweise an dieser Verhandlung interessiert oder von ihr betroffen sind? Wie im ersten Fragebogen, *Interessen 1: Feststellung der relevanten Parteien,* gezeigt wird, sind Ken und Lou die Hauptakteure bei dieser Verhandlung, aber es gibt noch andere Personen, die vielleicht an ihr interessiert oder von ihr betroffen sind. Saneway ist mit Sicherheit beteiligt, und auch Kollegen, Kunden und Lieferanten könnten interessiert sein, ebenso wie Kens Katze und Freundin.

Auf dem zweiten Fragebogen, *Interessen 2: Klärung der Interessen,* hat Ken damit begonnen, einige seiner kurz- und langfristigen persönlichen und beruflichen Interessen aufzulisten. Sein erster Impuls war, oben »5000 Dollar« hinzuschreiben, aber er strich es durch, weil er meinte, es könnte mehr wie eine Position als ein Interesse klingen. Bei weiterem Nachdenken über den Grund erkannte er, daß er 5000 Dollar wollte, weil er eine faire Behandlung wünschte. Er wollte keine geringere Bezahlung als Wayne, der vorige stellvertretende Filialleiter, erhalten hatte. Er meinte, er sei mindestens so qualifiziert wie Wayne. Er dachte auch, ihn interessiere am meisten, genug Geld zu haben, um seine Lebenshaltungskosten und die Raten für das Auto zu bezahlen. Natürlich hätte er gern noch etwas Geld für persönliche Dinge.

Er listete weitere Interessen auf, einschließlich kurz- und langfristiger beruflicher Interessen. Er war sich nicht ganz sicher, ob einige von ihnen Positionen oder Interessen waren, aber er tat sein Bestes, Interessen aufzuschreiben.

Ken dachte auch über Lous Interessen nach, denn sie müssen berücksichtigt werden, damit Lou einem Vertrag zustimmen kann. Dieser Teil war besonders schwierig für Ken. Obwohl er Lou gut kennt und ihn mag, mußte er sich sehr anstrengen, sich an Lous

Stelle zu versetzen, um einige der Punkte des Fragebogens auszufüllen (vor allem die persönlichen Fragen bereiteten ihm Schwierigkeiten). Weil Ken nicht alle Restriktionen kennt, denen Lou unterliegt, konnte er dessen Hauptinteressen nur grob schätzen.

Schließlich betrachtete Ken die Interessen Dritter, die von dieser Verhandlung möglicherweise betroffen werden. Sie müssen zumindest in akzeptablem Umfang berücksichtigt werden, da die anderen Personen beeinflußt werden und sie ihrerseits die Verhandlungspartner beeinflussen könnten. Ken und Lou könnten zu einer wunderbaren Vereinbarung gelangen, aber sie könnte so gegen die Interessen der anderen gerichtet sein, daß sie aufgrund ihrer Opposition möglicherweise nie umgesetzt würde. Kens Freundin, Katze, Kollegen, verschiedene Abteilungen seines Supermarkts, dessen nationale Zentrale, Lieferanten und Kunden sind in irgendeiner Weise interessierte Parteien, aber sie haben nicht alle den gleichen Einfluß auf die Verhandlung.

Nach dem Ausfüllen des Fragebogens *Interessen 2* suchte Ken weiter nach den tiefer liegenden Gründen hinter seinen Interessen. Er spekulierte auch darüber, was Lou wirklich interessieren könnte. Der Fragebogen *Interessen 3: Suche nach tiefer liegenden Interessen* half Ken, etwas tiefer zu bohren und dann seine Interessen in eine Rangfolge zu bringen, indem er ihnen einhundert Punkte zuordnete.

Punkte zu vergeben ist schwierig, und es gibt keine eindeutig richtigen oder falschen Antworten. Es ist jedoch wichtig, es zu versuchen, weil es einem hilft, an die Austauschbeziehungen zwischen verschiedenen Interessen zu denken. Zum Beispiel ist für Ken die Verbesserung seines Status im Supermarkt nicht so entscheidend wie die Möglichkeit der Weiterentwicklung und des Aufstiegs. Auch die Anzahl seiner Urlaubstage ist nicht so wichtig, wie ausreichend Geld für Miete und andere Zahlungen zur Verfügung zu haben. Auf diese Weise ist Ken in der Lage, sich auf seine vorrangigen Interessen zu konzentrieren.

# 4

## OPTIONEN

### Was sind mögliche Abkommen oder Bestandteile eines Abkommens?

Aus der Vielfalt – von Perspektiven, Ressourcen oder Interessen – erwächst die Möglichkeit, Nutzen zu erzeugen. Beim Verhandeln geht es nicht darum, Differenzen zu überdecken oder andere zu überzeugen, das zu wollen, was wir wollen. Es geht darum zu erkennen, wie diese Differenzen helfen können, beide Seiten besserzustellen, als sie ohne Übereinkommen wären.

In Kapitel 3 haben wir die Interessen – Wünsche, Bedürfnisse, Befürchtungen und Anliegen – von Verhandlungspartnern und jenen, die sie repräsentieren, betrachtet. Diese Interessen sind die Bausteine einer möglichen Übereinkunft. Optionen dagegen sind mögliche Wege zum Abschluß einer Verhandlung – Möglichkeiten, die Bausteine (die manchmal wie die Teile eines Puzzlespiels aussehen) zusammenzusetzen, um die Verhandlungspartner zufriedenzustellen und Nutzen zu erzeugen.

Die besten Verhandlungen sind jene, bei denen eine Anzahl möglicher Optionen untersucht wurde. Nur weil eine bestimmte Lösung einem der Verhandlungspartner als erste einfiel und sie die erste ist, die beide akzeptieren konnten, bedeutet dies nicht, daß sie die beste ist. Je mehr Optionen entwickelt werden, desto größer ist die Chance, daß eine von ihnen die unterschiedlichen Interessen der Parteien miteinander in Einklang bringt. Um zu einer Übereinkunft auf der Grundlage einer solchen Option zu gelangen, ist es hilfreich, gut vorbereitet in die Verhandlung zu gehen.

# Übliche Fehler

## Eine enge, einseitige Sichtweise

Oft bereiten sich Verhandlungspartner auf eine Verhandlung vor, indem sie herauszufinden suchen, was sie wollen, wobei sie vielleicht noch drei Variationen dieses Themas skizzieren: Was sie gerne bekämen; das Mindeste, mit dem sie sich zufriedengäben; und einen »realistischen« Punkt dazwischen. Wenn sie dies tun, bereiten sie sich nur darauf vor, innerhalb einer willkürlichen Bandbreite zu feilschen. Ein Fantasieziel zu kennen sagt ihnen zwar, was sie fordern sollen, aber nicht, welche möglichen Lösungen es geben könnte. Eine Untergrenze als Limit festzulegen mag als Signal dienen, daß sie an einem bestimmten Punkt beleidigt hinausgehen sollten, gibt ihnen aber kein gutes Gespür dafür, was sie danach tun könnten. Und als realistisches Ziel irgendeinen Punkt zwischen Fantasie und Limit zu akzeptieren wird ihre Erwartungen dämpfen und wahrscheinlich den Nutzen begrenzen, den sie in der Verhandlung erhalten.

Wenn Sie sich vorbereiten, indem Sie willkürliche Positionen festlegen, werden Sie zwei kardinale Fehler machen, die zu feindselig gestimmten Verhandlungen um Positionen führen können:

1. Wenn man sich auf das konzentriert, was man will, ohne Berücksichtigung der Interessen der anderen Seite, ist man nicht darauf vorbereitet, konstruktiv auf ihre Vorstellungen und Anliegen zu reagieren.
2. Wenn man nur eine einzige Position einnimmt, auch wenn man Rückzugslinien eingebaut hat, ist man nicht darauf vorbereitet, mit der Gegenseite echte Problemlösung anzustreben oder über mehrere mögliche Lösungen nachzudenken.

## Vernachlässigung des Nutzens von Differenzen

Viele Verhandlungspartner neigen dazu, eine Verhandlung als Übung im Beseitigen von Differenzen oder Erzielen eines Konsenses zu betrachten. Auch wenn der gute Umgang mit Differenzen ein wichtiger Bestandteil der Pflege der Arbeitsbeziehungen ist, nutzt man nicht alle Möglichkeiten, wenn man sich darauf vorbereitet, die

Differenzen zu minimieren oder um der Beziehung willen einzulenken. Das führt zu Lösungen auf dem niedrigsten gemeinsamen Nenner anstatt zu dem echten Nutzen, den Verhandlungen erzeugen können. Der gut vorbereitete Verhandlungspartner ist sich der Differenzen bewußt und hat sich überlegt, wie man sie einsetzen kann, um den Nutzen für beide Seiten zu vergrößern.

## Der gut vorbereitete Verhandlungspartner

Oft kann man nur durch das Anschauen einer Liste mit den Interessen jeder Seite Möglichkeiten ihrer Befriedigung herausfinden. Die Erstellung einer Liste solcher Möglichkeiten vor einer Verhandlung führt einen zwei Schritte weiter als die typische Vorbereitung der Art »Ich weiß, was ich will, und womit ich mich zufriedengebe«. Solche Optionen berücksichtigen die Interessen des Verhandlungspartners und sind auch zahlreicher und kreativer als simples Feilschen um Positionen. Die Fragebogen und Vorschläge des vorigen Kapitels sollen Ihnen helfen, die Interessen der Parteien zu verstehen. In diesem Kapitel versuchen wir, einen Schritt weiter zu gehen – Ihnen zu helfen, größeren Nutzen für jeden Verhandlungspartner zu erzeugen. Die Klassifizierung der Interessen nach der Bedeutung, die sie für beide Seiten haben, dient als Anleitung für das Vorgehen, um den Kuchen vor der Verteilung zu vergrößern.

*Suchen Sie nach Möglichkeiten der Zusammenarbeit,*
*um den Nutzen zu vergrößern*

Verhandlungspartner streiten oft um Interessen, die für beide Seiten von großer Bedeutung sind. Das spiegelt die übliche, oft verstärkte Annahme wider, wenn beide etwas hochschätzen, gäbe es nur eine Möglichkeit – es zu teilen, und zwar auf eine feindlich eingestellte Weise mit einem Nullsummenergebnis: Mehr für Sie bedeutet weniger für mich. Diese Annahme ignoriert die Macht der Zusammenarbeit, um den Kuchen zu vergrößern. Wenn zwei Verhandlungspartner etwas wollen, sollte die erste Frage, die ihnen einfällt, nicht sein: »Wie kann ich den größeren Teil bekommen?«, sondern »Wie können wir den Nutzen vergrößern?«

Mit dem Blick auf den wirklichen Zweck des Verhandelns – die Befriedigung der Interessen der Parteien – ist es aufschlußreich, auf die Fähigkeiten und Ressourcen zu schauen, die beide haben, und nach Möglichkeiten zu suchen, sie zu vereinen oder in ihrer Anwendung zusammenzuarbeiten, um den Nutzen für beide Seiten zu vergrößern. Denken Sie insbesondere über die folgenden Möglichkeiten nach:

- Bei ähnlichen Fähigkeiten und Ressourcen können die Parteien zusammenarbeiten, um Größenvorteile zu erzielen. Es könnte für einen von Ihnen billiger sein, genug für zwei zu produzieren, als für Sie beide, eine ausreichende Menge für jeweils einen herzustellen. Oder Sie können durch Zusammenlegung des Einkaufs einen größeren Rabatt bekommen, als jeder separat erhält. Das ist ein Nutzen, der jetzt irgendwo anders hingeht und den Sie, wenn Sie zusammenarbeiten, auf den Verhandlungstisch legen können.

- Mit verschiedenen Fähigkeiten und Ressourcen können Sie zusammenarbeiten, um etwas zu erzeugen, was keiner von Ihnen alleine könnte. Das beste Beispiel sind zwei Kleinkinder am Strand, von denen eines einen Eimer und das andere eine Schaufel hat. Wenn sie sich zusammentun, gibt es nichts, was sie nicht bauen können.

- Ohne Rücksicht darauf, ob Ihre Ressourcen ähnlich oder verschieden sind: Denken Sie an Optionen für gemeinsamen Nutzen statt getrennten oder unabhängigen. Es gibt Kuchen, die keine Aufteilung erfordern, weil beide Seiten sich gemeinsam an ihnen erfreuen können. Zum Beispiel gibt Ihnen eine Spende an eine gemeinsam ausgesuchte Wohltätigkeitsorganisation einen Nutzen, ohne etwas teilen zu müssen. In ähnlicher Weise ermöglicht eine gemeinsam gesponserte Konferenz, von der beide Seiten hinsichtlich Public Relations, Verbindungen, Ausbildungsmöglichkeiten usw. profitieren, etwas zu schaffen, von dem beide Nutzen haben können, ohne ihn für den anderen zu verringern. Eine Vereinbarung kann die Reputation beider Partner verbessern.

*Entdecken Sie Nutzen in Unterschieden*

Unterschiede treiben den Handel an. Ohne unterschiedliche Einschätzungen des Wertes einer Aktie gäbe es keinen aktiven Wertpapiermarkt: Niemand wäre bereit, für eine Aktie einen Preis zu zahlen, der über der Bewertung des Verkäufers liegt. Ohne unterschiedliche Präferenzen für eine Mannschaft, die man anfeuert, wären Sportereignisse langweilig. In Verhandlungen, wie im Leben, sind zwei für einen Tango nötig, und wenn einer gerne führt und der andere lieber folgt, wird er beiden mehr Spaß machen.

Bei Verhandlungen stellt alles, was eine Seite hochschätzt und die andere nicht, eine Möglichkeit dar, Nutzen zu erzeugen. Diesen zu erkennen und aus einem potentiellen einen tatsächlichen Nutzen zu machen erfordert oft harte Arbeit. Aber allein schon die Übung, nach möglichen Austauschbeziehungen zu suchen, die bedeutenden Nutzen auf einer Seite stiften – zu geringen oder keinen Kosten auf der anderen – wird Sie wahrscheinlich gut darauf vorbereiten, die Sache aufzugreifen und wenigstens einen Teil dieses Potentials zu realisieren. Betrachten Sie die üblichen Quellen von Unterschieden:

*Risiko:* Manche Leute hassen es, andere lieben es. Oft sind große Institutionen besser ausgerüstet, damit umzugehen, als Einzelpersonen. Suchen Sie bei den Verhandlungspartnern nach Unterschieden in der Aversion gegen Risiken und überlegen Sie, ob eine Seite ein Risiko leichter tragen oder sich billiger dagegen versichern kann als die andere.

*Timing:* Menschen arbeiten in verschiedenem Tempo. Manche schätzen es, langsam und bewußt vorzugehen und jeden Schritt zu planen. Andere sind anscheinend immer in Eile und schlagen bei ihren Aktivitäten ein hohes Tempo ein. Suchen Sie zum Beispiel nach einer Möglichkeit, ob das, was in diesem Monat unmöglich ist, im nächsten leicht durchzuführen ist.

*Einschätzungen:* Für manche Leute ist das, »was andere denken könnten«, relevanter als das, was tatsächlich geschieht. Für andere sind die Meinungen Dritter unerwünschte Einmischungen, die bewußt ignoriert werden. Suchen Sie zum Beispiel nach Möglichkeiten, daß eine Seite einen öffentlichen Sieg davonträgt, wenn sie ihn braucht, während die andere etwas erhält, das sie höher bewertet.

*Grenznutzen der gleichen Sache:* Viele Leute schätzen das letzte von mehreren Dingen, die sie haben, weniger hoch ein als die ersten, die sie erhalten haben. Um ein klassisches Beispiel aus Ökonomielehrbüchern zu entlehnen: Wenn ich bereits drei Bananen habe, werde ich wahrscheinlich eine vierte weniger hoch schätzen als eine Orange, von der ich nur eine habe. Wenn Sie andererseits fünf Orangen haben, aber keine Bananen, stehen wir uns beide besser,· wenn wir einige unserer Früchte tauschen. So können unterschiedliche Grenznutzen von Gütern, über die verhandelt wird, Möglichkeiten eröffnen, den Gesamtnutzen beider Seiten zu erhöhen.

Es gibt jedoch keine Garantie dafür, daß alle diese nutzenstiftenden Austauschbeziehungen funktionieren. Leicht umsetzbare Rezepte für Erfolg bei Verhandlungen gibt es nicht. Gute Optionen können oft während einer Verhandlung gemeinsam gefunden werden. Aber eine Vorbereitung und die systematische Betrachtung der Möglichkeiten, Nutzen zu erzeugen, wird einen in die Lage versetzen, diese Möglichkeiten zu erkennen, vor Verhandlungsbeginn über sie nachzudenken und die Initiative zu ergreifen in dem Versuch, Nutzen zu erzeugen, anstatt nur über ihn zu streiten. Hierbei könnten die folgenden Fragebogen hilfreich sein.

## Optionen 1:

*Entwicklung von Optionen zur*
*Befriedigung der Interessen beider Seiten*

**Verhandelnder:** .......................................

**Gegenseite:** .......................................

**Gegenstand:** .......................................

Schauen Sie Ihren Fragebogen **Interessen 3** an und listen Sie die Möglichkeiten auf, die Interessen beider Seiten zu befriedigen. (Schreiben Sie die Interessen in der Reihenfolge ihrer relativen Bedeutung auf.)

| Meine Interessen | Mögliche Optionen | Interessen der Gegenseite |
|---|---|---|
| .......................... | .......................... | .......................... |
| .......................... | .......................... | .......................... |
| .......................... | .......................... | .......................... |
| .......................... | .......................... | .......................... |
| .......................... | .......................... | .......................... |
| .......................... | .......................... | .......................... |
| .......................... | .......................... | .......................... |
| .......................... | .......................... | .......................... |
| .......................... | .......................... | .......................... |
| .......................... | .......................... | .......................... |
| .......................... | .......................... | .......................... |
| .......................... | .......................... | .......................... |
| .......................... | .......................... | .......................... |
| .......................... | .......................... | .......................... |

**Datum:**                                                         **Optionen 1**

## Optionen 2:

*Möglichkeiten der Maximierung*
*des gemeinsamen Nutzens*

Verhandelnder:
..................................................

Gegenseite:
..................................................

Gegenstand:
..................................................

Denken Sie über Möglichkeiten nach, Fähigkeiten und Ressourcen zu kombinieren, um die Hauptinteressen beider Seiten zu befriedigen.

| | Bestandsaufnahme der Fähigkeiten und Ressourcen | Kombinieren Sie ähnliche Ressourcen, um Nutzen zu erzeugen | Kombinieren Sie unterschiedliche Ressourcen, um Nutzen zu erzeugen |
|---|---|---|---|
| | .................... | .................... | .................... |
| | .................... | .................... | .................... |
| | .................... | .................... | .................... |
| | .................... | .................... | .................... |
| **Meine** | .................... | .................... | .................... |
| | .................... | .................... | .................... |
| | .................... | .................... | .................... |
| | .................... | .................... | .................... |
| | .................... | | .................... |
| | .................... | | .................... |
| **Deren** | .................... | .................... | .................... |
| | .................... | .................... | .................... |
| | .................... | .................... | .................... |

**Datum:** _____

**Optionen 2**

# Ein Beispiel

Liz ist Regionalleiterin bei Wholesale Foods, einem großen und expandierenden nationalen Lebensmittelgroßhändler. Sie ist verantwortlich für die Pflege der Beziehungen zu Lieferanten, meist kleinen Farmern im Staat, sowie zu Kunden, von Tante-Emma-Läden bis zu den Geschäften der größten regionalen Supermarktkette. Einer der Lieferanten, mit dem sie zu verhandeln hat, ist Terry, Besitzer einer kleinen Obstplantage im Nordosten des Staates.

Als Leiterin eines großen Gebietes muß sich Liz um ihre Rentabilität kümmern, die von den Preisen abhängt, zu denen sie die Produkte ein- und verkauft. Ihre Rentabilität wird aber auch von dem Aufwand beeinflußt, mit dem sie ihre Produkte auf den Markt bringt, und von den Ausgaben, um Fehler in ihrem Liefersystem auszubügeln. Wenn zum Beispiel ein Farmer zu spät liefert, muß sie Geld ausgeben, um ihre Produkte aus einer anderen Quelle zu beziehen, normalerweise zu einem höheren Preis, um ihre Verpflichtungen gegenüber den Kunden einzuhalten. Oder wenn ein Farmer unverpacktes Obst liefert, muß sie Geld ausgeben, um es in Kisten zu verpacken. Ihre Rentabilität hängt ferner von den Preisen ab, die sie bei ihren Kunden erzielen kann. Wenn sie sich den Ruf erwerben kann, eine Quelle für Qualitätsprodukte zu sein, kann sie ein paar Cents je Kilo über dem durchschnittlichen Marktpreis erhalten, die sich rasch zu einem großen Gewinn summieren. Um einige dieser Risiken abzudecken, unterhält Liz eine kleine LKW-Flotte und beschäftigt in ihren Lagern ein paar Arbeiter mehr als notwendig.

Terry ist sein eigener Herr und betreibt eine Obstplantage, die seit drei Generationen im Besitz seiner Familie ist. Er hat miterlebt, wie die Farm mit einer Reihe von Produkten experimentiert hat, aber zu einem großen Risiko: Eine schlechte Ernte bei einer angeblich verbesserten Sorte seiner traditionellen Produkte könnte für ihn das Ende bedeuten. Ein ähnliches Risiko liegt darin, ein neues Produkt anzubauen und es nicht zu einem guten Preis verkaufen zu können. Das könnte bedeuten, daß er zur Erntezeit nicht in der Lage ist, die während der Saison angefallenen Schulden zurückzuzahlen, was wiederum bedeuten würde, zur Pflanzzeit keine Betriebsmittel (Saatgut, Düngemittel usw.) kaufen zu können. Terry hat einen Pick-up, mit dem er seine Vorräte holt und das Obst ausliefert. Er beschäftigt nur – zur Pflanz- und Erntezeit – saisonale Hilfskräfte.

Jedes Jahr setzen sich Liz und Terry zusammen, um über die Lieferbedingungen zu diskutieren: Mengen und Preise seiner Produkte, Liefertermine, die Art der Verpackung usw. Obwohl sie gut miteinander auskommen, hat Liz das Gefühl, daß sie mehr tun könnten, das für beide von Vorteil wäre.

## Optionen 1:

Entwicklung von Optionen zur
Befriedigung der Interessen beider Seiten

**Verhandelnder:** *Liz*

**Gegenseite:** *Terry*

**Gegenstand:** *Obstliefervertrag*

Schauen Sie Ihren Fragebogen **Interessen 3** an und listen Sie die Möglichkeiten auf, die Interessen beider Seiten zu befriedigen. (Schreiben Sie die Interessen in der Reihenfolge ihrer relativen Bedeutung auf.)

| Meine Interessen | Mögliche Optionen | Interessen der Gegenseite |
|---|---|---|
| 1. Erlöse | Höchstpreis für höchste Qualität zahlen | 1. Erlöse |
| 2. Qualität | Bonus für pünktliche Lieferung zahlen | 2. Qualität |
| 3. Zuverlässigkeit | Verpackungskosten teilen | 3. Zuverlässigkeit |
| 4. Verpackung | Vorauszahlung zur Pflanzzeit für das Risiko bei neuen Produkten | 4. Verpackung |
| 5. Wettbewerbsvorteil gegenüber anderen Großhändlern | Exklusivvertrag im Austausch für die Garantie, von Terry alles zu kaufen, was Mindest-Qualitätsstandards erfüllt | 5. Schnelle und effiziente Ernte |
| 6. Zugang zu anderen Produkten | | 6. Liquidität während der Pflanzzeit |
| 7. Marken-Image | | 7. Transportversicherung |

**Datum:**                                                                              **Optionen 1**

## Optionen 2:

Möglichkeiten der Maximierung
des gemeinsamen Nutzens

**Verhandelnder:** *Liz*

**Gegenseite:** *Terry*

**Gegenstand:** *Obstliefervertrag*

Denken Sie über Möglichkeiten nach, Fähigkeiten und Ressourcen zu kombinieren, um die Hauptinteressen beider Seiten zu befriedigen.

|  | Bestandsaufnahme der Fähigkeiten und Ressourcen | Kombinieren Sie ähnliche Ressourcen, um Nutzen zu erzeugen | Kombinieren Sie unterschiedliche Ressourcen, um Nutzen zu erzeugen |
|---|---|---|---|
| **Meine** | *Geld*<br><br>*LKWs*<br><br>*Ständige Arbeitskräfte*<br><br>*Kunden*<br><br>*Marktkenntnis* | *1. Wir könnten unsere Fahrzeuge gemeinsam nutzen und für den Zweck einsetzen, für den sie am besten geeignet sind.*<br><br>*2. Wir könnten unsere Einkäufe gemeinsam durchführen, um einen besseren Preis zu bekommen (Treibstoff, Reifen, Ersatzteile).* | *1. Ich könnte zur Erntezeit Arbeitskräfte zur Verfügung stellen, um zu helfen, die Ware in kleinere Kisten zu verpacken.*<br><br>*2. Wir könnten gemeinsam Spezialprodukte bestimmen, die er anbauen und ich finanzieren und vermarkten könnte.*<br><br>*3. Wir könnten das beste Obst kennzeichnen, um ein positives Markenimage aufzubauen.*<br><br>*4. Ich könnte Terry zur Pflanzzeit eine Vorauszahlung leisten.* |
| **Deren** | *Produkte*<br><br>*Land*<br><br>*Saisonarbeitskräfte*<br><br>*Betriebserfahrung*<br><br>*Pick-up*<br><br>*Möglichkeit, das beste Obst zu erkennen und auszusondern* | | |

**Datum:**

**Optionen 2**

Mit Hilfe des Fragebogens *Optionen 1: Entwicklung von Optionen zur Befriedigung der Interessen* hat Liz einige Ideen für mögliche Vertragsbestandteile entwickelt. Oben in den äußeren Spalten stehen die Punkte, die Liz für beide von ihnen für wichtig hält, weil beide bei früheren Verhandlungen Interesse für sie bekundet hatten: Erlöse (wieviel Liz einnimmt und Terry für die Ernte einer Saison erhält); die Qualitätsprodukte, die Terry Liz liefert; Zuverlässigkeit (von Terrys Lieferungen an Liz und von Liz als Terrys Kundin) und die Art der Verpackung, falls welche benutzt wird (Terry zieht es vor, sein Obst unverpackt zu liefern, und lädt seinen offenen Pickup so schnell wie möglich, um jede Ladung sofort auszuliefern und den Wagen für die nächste Fuhre zurückzuerhalten. Liz ist es dagegen lieber, das Obst bereits in Fünfzigpfundkisten verpackt zu erhalten, die sie für den Vertrieb benutzt und die auch besser gelagert werden können). Über diese vier Punkte verhandeln Liz und Terry gewöhnlich.

Liz hat in der Spalte »Meine Interessen« weitere Themen notiert, die ihrer Meinung nach Terry nicht interessieren beziehungsweise über die er nicht einmal viel nachdenkt. Sie waren normalerweise kein Verhandlungsgegenstand, sie sind nur für Liz von Interesse. Weiter unten in der Spalte »Interessen der Gegenseite« hat Liz einige Punkte aufgelistet, von denen sie – nach dem, was sie von Farmern im allgemeinen und Terry im besonderen weiß – erwartet, daß sie für ihn wichtig sind. Terry ist nicht besonders freigebig mit Informationen über das, was er für »seine Angelegenheit« hält, so daß Liz' Vorbereitung in dieser Beziehung größtenteils auf Annahmen beruht.

In der mittleren Spalte hat Liz einige mögliche Optionen aufgelistet, um die Interessen von beiden zu befriedigen. Es ist noch einige Arbeit notwendig, um sie zu präzisieren, aber sie schlagen Wege vor, die sie mit Terry erkunden kann.

Im Fragebogen *Optionen 2: Möglichkeiten der Maximierung des gemeinsamen Nutzens* hat Liz versucht, weiterzudenken und nach bisher unerforschten Möglichkeiten zu suchen. Hierzu hat sie Fähigkeiten und Ressourcen von beiden ermittelt und in die linke Spalte eingetragen. Sie überlegt nun, wie sie und Terry kooperieren könnten, um für jeden von ihnen den Nutzen zu vergrößern, im Hinblick auf die Interessen, die sie in den betreffenden Spalten des

Fragebogens *Optionen 1* als erste aufgelistet hat – die Punkte, die sie beide hoch bewerten und für deren Diskussion sie den größten Teil ihrer Energie aufgewandt haben. Obwohl ihre Eintragungen in diesen Spalten nicht die Notwendigkeit beseitigen, über Themen wie Preise und Qualitätsstandards konstruktiv zu verhandeln, schlagen sie doch weitere Möglichkeiten vor, die sie mit Terry untersuchen kann, um beider Interessen effizienter zu befriedigen.

Zum Beispiel könnten Liz und Terry überlegen, ob und wie sie ihre unterschiedlichen Fahrzeuge gemeinsam für den bestgeeigneten Zweck nutzen könnten: Terry könnte mit Liz' Lieferwagen seine Produkte schneller zu den Lagerhäusern von Wholesale Foods transportieren, und Liz könnte Terrys offenen Pick-up benutzen, um einigen ihrer Kunden unverpackte oder ungewöhnlich geformte Waren zu liefern. Oder Liz könnte in der Erntezeit einige ihrer überzähligen Lagerarbeiter zu Terrys Plantage schicken, um ihm zu helfen, das Obst in die Art Kisten zu verpacken, die Wholesale Foods vorzieht. So könnten beide im Vergleich zur jetzigen Praxis Zeit und Geld sparen. Um beider Interessen an erhöhtem Umsatz zu befriedigen, könnten sie gemeinsam Spezialitäten oder Gourmetprodukte bestimmen, die Terry unter Vertrag auf kleinen Parzellen anbauen könnte. Eine solche Option würde Liz das gesuchte breitere Produktangebot und den angestrebten Wettbewerbsvorteil sowie Terry die von ihm erwünschte ganzjährige Liquidität verschaffen, ohne das Risiko, das ein solches Vorhaben sonst enthalten könnte.

Diese Art der Vorbereitung garantiert keinen Erfolg bei Verhandlungen. Es kann durchaus sein, daß sich nach weiterer gemeinsamer Überlegung keine dieser Optionen als praktikabel herausstellt. Aber durch deren Untersuchung werden Liz und Terry beginnen, nach Möglichkeiten der Nutzensteigerung zu suchen, bevor sie an seine Aufteilung denken, anstatt nur darüber zu streiten, wer bei Themen wie Preis und Verpackung gewinnen beziehungsweise verlieren muß.

# 5

## ALTERNATIVEN

### Was werde ich tun, falls wir uns
### nicht einigen können?

Nicht jede Verhandlung endet mit einer Übereinkunft. Das muß
auch nicht sein. In manchen Fällen ist es für Sie besser, die Verhandlung zu verlassen, wenn zum Beispiel die Kosten des vorge-
schlagenen Abkommens seinen Nutzen übersteigen oder jemand
anders Ihnen ein besseres Geschäft anbieten kann.

Alternativen sind, wie der Name sagt, andere Möglichkeiten,
etwas zu erreichen. Bei Verhandlungen ist dieses Etwas die Befriedigung Ihrer Interessen. Dies kann auf zwei verschiedene Arten
geschehen: durch eine ausgehandelte Lösung – d. h. eine Option,
wenn man das Vokabular dieses Arbeitsbuches benutzt – oder
durch eine Art Selbsthilfe-Alternative – d. h. ein unabhängiges
Vorgehen oder ein Übereinkommen, das Sie mit einer anderen Person als der treffen, mit der Sie gerade verhandeln. Bei jeder Verhandlung werden Ihnen mehrere mögliche Alternativen einfallen
(nicht alle mögen attraktiv sein, aber es ist wichtig zu wissen, daß
sie existieren). Die beste von ihnen nennen wir Ihre »beste Alternative zu einem ausgehandelten Abkommen«, kurz: Ihre »beste
Alternative«. Um das Ergebnis einer Verhandlung als echten Erfolg
betrachten zu können, sollten Sie eine Option finden, die besser ist
als Ihre beste Alternative, andernfalls sollten Sie die Verhandlung
verlassen.

Vor Verhandlungsbeginn Ihre beste Alternative vorzubereiten ist
absolut notwendig, um Ihnen bei der Entscheidung zu helfen, wann
Sie gehen oder bleiben und weiterdiskutieren sollten. Vielen Verhandlungspartnern fällt nur ein Limit ein, bevor sie in eine Verhandlung gehen – aber wenn dieses eine aus der Luft gegriffene

Zahl ist, wird sie Ihnen nicht wirklich helfen, eine Entscheidung zu treffen. Falls Sie auf dieses Limit gedrängt werden, sollen Sie dann weggehen? Das sollten Sie nur dann tun, wenn Ihr Limit auf dem beruht, was Sie anderswo erhalten könnten, d. h. auf Ihren Alternativen, und nur, wenn die beste Alternative besser ist als das, was auf dem Verhandlungstisch liegt. Wie wissen Sie sonst, ob Ihr Limit realistisch ist? Und woher wissen Sie, daß Sie außerhalb der Verhandlung besser daran sind als innerhalb? Wenn Sie Ihre beste Alternative kennen und diese besser ist als das Angebot der Gegenseite, dann können Sie mit Zuversicht zur Tür gehen. Ist sie nicht besser, dann wissen Sie, daß es Zeit ist, am Verhandlungstisch sehr kreativ zu werden, und daß Sie nicht schwach sind, wenn Sie nicht beleidigt weggehen.

## Übliche Fehler

### Nicht über die beste Alternative nachdenken

Verhandlungspartner machen bezüglich ihrer besten Alternative gewöhnlich zwei Vorbereitungsfehler: Manche gehen in eine Verhandlung, ohne zu wissen, was sie tun werden, wenn keine Übereinkunft zustande kommt. Das verunsichert sie, und sie wissen nicht, wann sie weiterverhandeln und wann sie zur Tür gehen sollten. Denken Sie an einen Fall, als Sie sich in einer ähnlichen Situation befanden: Jemand sagte »Damit basta!«, und Sie mußten entweder nachgeben oder es darauf ankommen lassen. Wenn man die beste Alternative nicht kennt, kann eine ganze Verhandlung zu lautstarkem Feilschen und Würfeln verkommen.

### Annehmen, die beste Alternative ist »ein alter Hut«

Der andere gebräuchliche Fehler ist anzunehmen, Sie kennen Ihre beste Alternative, ohne überhaupt ausführlicher über andere Möglichkeiten der Befriedigung Ihrer Interessen nachgedacht zu haben. Bei Tarifverhandlungen zum Beispiel betrachten Gewerkschaften gewöhnlich den Streik als ihre beste Alternative. Obwohl dieser manchmal der einzige Weg ist, die Arbeitgeber davon zu überzeugen, die Forderungen zu akzeptieren, mag er nicht die einzige Möglichkeit der Gewerkschaft sein, das zu erreichen, was sie will.

Unter bestimmten Umständen können andere Alternativen effektiver, billiger oder vielleicht beides sein. Zum Beispiel können sich Einflußnahme auf Parlamentarier oder Öffentlichkeitsarbeit auch bezahlt machen; Arbeit nach Vorschrift oder Arbeitsniederlegungen können die notwendige Botschaft vermitteln, ohne das Risiko eines ausgewachsenen Streiks; Verhandlungen mit einem potentiellen Erwerber könnten einige wirtschaftliche Interessen und solche zwischenmenschlicher Beziehungen befriedigen usw.

## Der gut vorbereitete Verhandlungspartner

*Bestimmen Sie Ihre beste Alternative*

Unterschätzen Sie nicht die Macht des Wissens, was Sie tun werden, falls ein Abkommen nicht zustande kommt. Es wird Ihnen während der Verhandlung eine beträchtliche Selbstsicherheit verleihen, egal, ob Sie sich einigen oder nicht. Es wird Sie davon abhalten, Fehler zu machen, indem Sie etwas akzeptieren, das nicht gut genug ist – nicht im Vergleich zu einer willkürlichen Vorstellung, was Sie oder andere wollen oder meinen, erreichen zu können, sondern im Vergleich zu etwas Konkretem und Realisierbarem. Es wird Ihnen helfen zu entscheiden, wann Sie weggehen und wann Sie bleiben sollten, ohne die Ängste, die eine solche Entscheidung gewöhnlich hervorruft. Die Zeitinvestition, um nicht nur über eine einzige Alternative der Befriedigung Ihrer Interessen, sondern über mehrere Möglichkeiten nachzudenken und festzulegen, welche von ihnen die beste ist, wird sich bezahlt machen, auch wenn Sie Ihre beste Alternative gar nicht einzusetzen brauchen.

Denken Sie daran, daß Ihre beste Alternative nicht bloß eine andere Möglichkeit ist, die Gegenseite unter Druck zu setzen, um nachzugeben. Die beste Alternative ist vielmehr ein machtvolles Konzept, das Ihnen dazu verhelfen soll, sich auf das zu konzentrieren, was Sie wirklich erreichen wollen, und die verschiedenen Möglichkeiten hierzu, ohne eine Vereinbarung akzeptieren zu müssen, deren Bedingungen Ihre Interessen nicht befriedigen.

*Stärken Sie Ihre beste Alternative*

Alternativen sind selten unveränderlich. Einen Moment darüber nachzudenken, wie Sie Ihre beste Alternative einfacher, realisierbarer oder besser in der Befriedigung Ihrer Interessen machen können, kann das Ergebnis vieler Ihrer Verhandlungen verbessern. Denken Sie darüber nach.

Wenn Sie nur eine Vereinbarung akzeptieren wollen, die besser als Ihre beste Alternative ist, dann garantieren Sie sich ein besseres Ergebnis, wenn Sie Ihre beste Alternative verbessern: Falls ein Abkommen zustande kommt, wird dieses besser sein, und falls nicht, ist Ihre beste Alternative besser. Eine starke beste Alternative zu haben und das zu wissen wird außerdem Ihr Selbstvertrauen während der Verhandlung stärken.

*Berücksichtigen Sie die beste Alternative*
*der Gegenseite*

Jeder, der an einer Verhandlung beteiligt ist, hat eine beste Alternative, egal, ob er darüber nachgedacht hat oder nicht. Wenn Sie sich auf eine Verhandlung vorbereiten, wäre es nützlich zu wissen, an welchem Punkt die Gegenseite sie verlassen würde. Wenn Sie auch eine solche subjektive Angelegenheit nie mit einiger Zuverlässigkeit herausfinden können, könnten Sie vielleicht doch ganz gut abschätzen, was Ihr Verhandlungspartner tun würde, falls Sie sich nicht mit ihm einigen können. Und wenn Sie dazu in der Lage sind, können Sie auch darüber nachdenken, wie Sie seine Alternative weniger attraktiv machen – entweder indem Sie seine beste Alternative schwerer durchführbar oder weniger wertvoll machen, oder indem Sie andeuten, wie unklug oder teuer seine Alternative sein könnte.

Die folgenden Fragebogen sollen Ihnen helfen, Ihre beste Alternative zu entwickeln und die der anderen Seite abzuschätzen.

## *Alternativen 1:*

*Meine Alternativen zu*
*einem Abkommen*

**Verhandelnder:**
......................................

**Gegenseite:**
......................................

**Gegenstand:**
......................................

**Meine Hauptinteressen:**

......................................................................................................................

......................................................................................................................

......................................................................................................................

......................................................................................................................

......................................................................................................................

**Was könnte ich tun, um meine Interessen zu befriedigen, falls wir uns nicht einigen?**

| Alternativen | Pro | Contra |
|---|---|---|
| ............................ | ............................ | ............................ |
| ............................ | ............................ | ............................ |
| ............................ | ............................ | ............................ |
| ............................ | ............................ | ............................ |
| ............................ | ............................ | ............................ |
| ............................ | ............................ | ............................ |
| ............................ | ............................ | ............................ |
| ............................ | ............................ | ............................ |
| ............................ | ............................ | ............................ |
| ............................ | ............................ | ............................ |
| ............................ | ............................ | ............................ |

**Datum:**                                                    **Alternativen 1**

## *Alternativen 2:*

*Auswahl und Verbesserung*
*meiner besten Alternative*

**Verhandelnder:**

**Gegenseite:**

**Gegenstand:**

**Was werde ich wirklich tun, falls keine Einigung zustande kommt (d. h., was ist meine beste Alternative)? Warum?**

........................................................................................................

........................................................................................................

........................................................................................................

........................................................................................................

........................................................................................................

**Was kann ich tun, um meine beste Alternative zu verbessern? (Schreiben Sie konkrete Schritte auf, die Sie noch vor Verhandlungsbeginn unternehmen könnten.)**

........................................................................................................

........................................................................................................

........................................................................................................

........................................................................................................

........................................................................................................

........................................................................................................

........................................................................................................

........................................................................................................

........................................................................................................

........................................................................................................

........................................................................................................

**Datum:** | **Alternativen 2**

## *Alternativen 3:*

*Herausfinden der Alternativen
der Gegenseite*

**Verhandelnder:**
..........................................................

**Gegenseite:**
..........................................................

**Gegenstand:**
..........................................................

**Ihre Hauptinteressen:**

..........................................................................................................................

..........................................................................................................................

..........................................................................................................................

..........................................................................................................................

..........................................................................................................................

**Was könnte sie tun, um ihre Interessen zu befriedigen, falls wir uns nicht einigen?**

| Alternativen | Pro | Contra |
|---|---|---|
| .......................... | .......................... | .......................... |
| .......................... | .......................... | .......................... |
| .......................... | .......................... | .......................... |
| .......................... | .......................... | .......................... |
| .......................... | .......................... | .......................... |
| .......................... | .......................... | .......................... |
| .......................... | .......................... | .......................... |
| .......................... | .......................... | .......................... |
| .......................... | .......................... | .......................... |
| .......................... | .......................... | .......................... |
| .......................... | .......................... | .......................... |

**Datum:** **Alternativen 3**

## Alternativen 4:

*Annahmen über die*
*beste Alternative der Gegenseite*

Verhandelnder:

Gegenseite:

Gegenstand:

---

**Was würde ich an ihrer Stelle tun?**
**(Welche ihrer Alternativen sieht am besten für sie aus?)**

................................................................................................................

................................................................................................................

................................................................................................................

................................................................................................................

---

**Wie könnte ich völlig legitim die Attraktivität ihrer besten Alternative verringern?**

---

Durch Erschwerung ihrer Realisierung?

Durch andeuten, wie unklug oder teuer sie
sein könnte?

---

........................................................

........................................................

........................................................

........................................................

........................................................

........................................................

........................................................

........................................................

........................................................

........................................................

---

**Datum:**

**Alternativen 4**

# Ein Beispiel

Steve und Cathy denken daran, einen Gebrauchtwagen zu kaufen. Sie haben sich einige Autos ihrer Freunde und Nachbarn angesehen und die lokale Zeitung auf Anzeigen durchgeschaut. Sie wollen ihre jetzige Klapperkiste, einen zwölf Jahre alten Spritschlucker mit über 100 000 Meilen, in Zahlung geben.

Steve und Cathy haben einige Vorbereitungsarbeit geleistet und gründlich über ihre Interessen bei dieser Transaktion nachgedacht. Wichtig für sie ist der Benzinverbrauch des Autos, wegen der Kosten und weil sie sich um die Umweltschäden Sorgen machen. Sie planen, in den nächsten Jahren ein Kind zu haben, und möchten daher ein praktisches und sicheres Auto, in das sie den gesetzlich vorgeschriebenen Kindersitz einbauen können. Weil sie gemeinsam zur Arbeit fahren (Cathy setzt Steve ab und parkt auf einem nicht überdachten Grundstück in der Nähe ihres Büros) und diese Zeit zum Reden benutzen, ist die Musikanlage des Autos nicht besonders wichtig, wohl aber sein Aussehen und seine Wetterfestigkeit. Da sie sich nicht besonders gut in der Automechanik auskennen, würden sie ein Auto bevorzugen, das ihnen wenig Ärger macht, und eine günstig gelegene Werkstatt für notwendige Reparaturen. Ganz in der Nähe ihrer Wohnung gibt es einen Gebrauchtwagenhändler, der daher der günstigste für sie ist.

## Alternativen 1:

*Meine Alternativen zu einem Abkommen*

**Verhandelnder:** *Steve und Cathy*

**Gegenseite:** *Verkäufer*

**Gegenstand:** *Autokauf*

---

**Meine Hauptinteressen:**

1. *Niedriger Benzinverbrauch*

2. *Sicherheit (Kindersitze)*

3. *Aussehen*

4. *Zuverlässigkeit*

5. *Günstig gelegene Werkstatt*

---

**Was könnte ich tun, um meine Interessen zu befriedigen, falls wir uns nicht einigen?**

---

| Alternativen | Pro | Contra |
|---|---|---|
| 1. *Aus einer Zeitungsanzeige kaufen* | *Billiger* | *Keine Service- oder Zuverlässigkeitsgarantie; müssen altes Auto auch über Anzeige verkaufen; weniger zweckmäßig; keine gute Auswahl* |
| 2. *Neues Auto kaufen* | *Zuverlässiger; Garantie; eingebauter Kindersitz als Extra; neuer Lack usw.* | *Teurer* |
| 3. *Mit öffentlichen Verkehrsmitteln fahren* | *Besser für die Umwelt; billiger* | *Nicht so günstig (verschiedene Busse für beide, Cathys Unzuverlässigkeit)* |
| 4. *Ein anderer Händler* | *Möglicherweise günstigerer Kauf bei Versprechen, ihm Kunden zu schicken* | *Weiter entfernt; kennen niemanden, der dort Auto gekauft hat* |

---

**Datum:**

**Alternativen 1**

## Alternativen 2:

*Auswahl und Verbesserung
meiner besten Alternative*

**Verhandelnder:** *Steve und Cathy*

**Gegenseite:** *Verkäufer*

**Gegenstand:** *Autokauf*

---

**Was werde ich wirklich tun, falls keine Einigung zustande kommt (d. h., was ist meine beste Alternative)? Warum?**

*Nr. 4:*
*Ein anderer Händler: deckt die meisten Interessen ab, ausgenommen, daß er weiter entfernt ist*

**Was kann ich tun, um meine beste Alternative zu verbessern? (Schreiben Sie konkrete Schritte auf, die Sie noch vor Verhandlungsbeginn unternehmen könnten.)**

*1) Verbraucherberatung anrufen und nach Referenzen fragen*

*2) Herausfinden, ob Mechaniker aus der Nachbarschaft mit uns kommen könnte, im Austausch für das Versprechen, das Auto von ihm warten zu lassen*

*3) Den anderen Händler besuchen, um zu sehen, was er hat*

---

**Datum:**　　　　　　　　　　　　　　　　　　　　　　　　**Alternativen 2**

## Alternativen 3:

Herausfinden der Alternativen
der Gegenseite

**Verhandelnder:** *Steve und Cathy*

**Gegenseite:** *Verkäufer*

**Gegenstand:** *Autokauf*

---

**Ihre Hauptinteressen:**

1. *Kommissionen aus Autoverkäufen*

2. *Kunden zugeschickt bekommen*

3. *Übernahme des Service für verkauftes Auto*

4. *Beim Chef gut dastehen*

---

**Was könnte sie tun, um ihre Interessen zu befriedigen, falls wir uns nicht einigen?**

---

| Alternativen | Pro | Contra |
| --- | --- | --- |
| 1. *Verkauf an anderen Kunden* | *Unsicher, ob höherer Preis zu erzielen* | *Muß warten; möglicherweise Anzeige aufgeben* |
| 2. *Verkauf an Mietwagengeschäft* | *Schnell und einfach* | *Erhält weniger Geld; falls sich das Auto als schlecht herausstellt, wird Geschäftsbeziehung belastet* |
| 3. *Verkauf an anderen Händler* | *Relativ einfach – nur ein paar Anrufe notwendig* | *Weniger Geld; sieht für ihr Geschäft schlecht aus* |

---

**Datum:**                                                           **Alternativen 3**

## *Alternativen 4:*

*Annahmen über die
beste Alternative der Gegenseite*

**Verhandelnder:** *Steve und Cathy*

**Gegenseite:** *Verkäufer*

**Gegenstand:** *Autokauf*

---

**Was würde ich an ihrer Stelle tun?**
**(Welche ihrer Alternativen sieht am besten für sie aus?)**

*Ich würde herausfinden, für wieviel ich es an ein Mietwagengeschäft ver-
kaufen könnte, würde aber weiter versuchen, es an einen anderen Kunden zu
verkaufen.*

---

**Wie könnte ich völlig legitim die Attraktivität ihrer besten Alternative verringern?**

Durch Erschwerung ihrer Realisierung?

Durch andeuten, wie unklug oder teuer sie
sein könnte?

---

*Ein für eine Woche gültiges Angebot
mit kleiner Anzahlung dalassen und
seinen Chef informieren. (Wenn er
weiß, daß es »verkauft« ist, wird er
sich wahrscheinlich weniger darum
bemühen, ein besseres Angebot zu
erhalten.)*

*Herausfinden, was das Mietwagen-
geschäft für ein ähnliches Auto
bezahlen würde. Auf eine Reihe
ähnlicher Autos hinweisen, die in
Zeitungsanzeigen angeboten werden.*

---

**Datum:**

**Alternativen 4**

Bevor Steve und Cathy zu ihrem lokalen Gebrauchtwagenhändler gingen, dachten sie über ihre beste Alternative nach. Sie wüßten dann – falls der Verkäufer versuchen sollte, sie zu einer Entscheidung zu drängen –, über welches in Frage kommende Geschäft sie weiterdiskutieren und welches sie verlassen sollten. Sehen Sie sich an, wie sie den Fragebogen *Alternativen 1: Meine Alternativen zu einem Abkommen* ausgefüllt haben.

Steve und Cathy haben fünf Hauptinteressen identifiziert, an denen sie messen wollen, wie gut jede Alternative ist. Ohne eine bestimmte Reihenfolge haben sie aufgeschrieben: (1) niedriger Benzinverbrauch, (2) Sicherheit (Kindersitze), (3) Aussehen, (4) Zuverlässigkeit, (5) günstig gelegene Werkstatt. Interessanterweise haben sie »Preis« oder »unsere Klapperkiste loswerden« nicht als Hauptinteressen aufgeschrieben. (Manchmal vergißt man das Naheliegendste.) Etwas systematischer zu sein ist immer eine bessere Vorbereitung auf eine Verhandlung. Falls Sie etwas unsicher sind, welche Ihre Interessen in einer bestimmten Verhandlung sind, sollten Sie einen Blick auf die Fragebogen und die Ratschläge in Kapitel 3: Interessen werfen.

Steve und Cathy sind auf vier mögliche Alternativen gekommen: (1) ein Auto aus den Zeitungsanzeigen kaufen, (2) ein neues Auto kaufen, (3) mit öffentlichen Verkehrsmitteln zur Arbeit fahren (und das alte Auto für Wochenendtrips behalten), (4) zu einem anderen Gebrauchtwagenhändler in einer Nachbarstadt gehen. Bei der Analyse jeder Alternative notierten sie einige Vor- und Nachteile im Hinblick auf ihre Interessen. Da bemerkten sie erst, daß sie etwas Wichtiges in ihrer Liste der Interessen vergessen hatten. Daher haben sie die relativen Kosten einiger Alternativen aufgeschrieben und wie sie ihren alten Wagen loswerden könnten.

Steve und Cathy benutzten diese Informationen und den Fragebogen *Alternativen 2: Auswahl und Verbesserung meiner besten Alternative*, um darüber nachzudenken, was sie tun würden, falls keine Einigung zustande käme. In einigen Fällen wird es relativ klar sein, welche die beste Alternative ist, aber in anderen ist mehr Arbeit nötig, um sie unter den verschiedenen Alternativen herauszufinden. Im vorliegenden Fall ist es hilfreich, daß Steve und Cathy bereits in ihre Lokalzeitung geschaut und ein Gefühl dafür haben, wie gut ihre Interessen von der Auswahl der zum Verkauf angebotenen Autos befriedigt werden (nicht sehr gut). Sie wissen auch, daß öffentliche Verkehrsmittel existieren, aber nicht besonders günstig sind. Der Bus, der zu Cathys Büro fährt, ist nicht sehr zuverlässig und oft überfüllt. Der in Steves Richtung fährt ist besser, hält aber mehrere Häuserblocks von seinem Geschäft entfernt. Wenn sie verschiedene Busse nähmen, verlören sie außerdem die Gelegenheit, auf dem Weg zur Arbeit und zurück jeden Morgen und Abend miteinander zu reden. Das alles führt zu der Entscheidung, daß ihre beste Alternative wahrscheinlich darin besteht, das Auto bei einem anderen Händler zu kaufen – höchstwahrscheinlich einem Gebrauchtwagenhändler in einer Nachbarstadt.

Wenn Steve und Cathy meinen, das sei ihre beste Alternative, dann sollten sie auch darüber nachdenken, wie sie sie verbessern können. Sie werden bei dem lokalen Händler nur einen Abschluß akzeptieren, der mindestens so gut ist wie der, den sie bei dem Händler in der nächsten Stadt erreichen können. Je besser dieser ihre Interessen befriedigt, desto selbstsicherer werden sie sich bei der Verhandlung mit dem Verkäufer des lokalen Händlers fühlen. Um ihre beste Alternative zu verbessern, werden Steve und Cathy einige Anrufe machen und zu dem anderen Händler fahren, um Modelle und Preise abzuchecken, bevor sie ernsthafte Verhandlungen mit ihrem lokalen Händler beginnen.

Sie sollten mehrere mögliche Alternativen herausfinden, sie bewerten und dann darüber nachdenken, wie Sie sie real machen können. Auch wenn eine Alternative offensichtlich zu sein scheint, hören Sie da nicht auf. Denken Sie an drei oder vier Möglichkeiten – außerhalb Ihrer jetzigen Verhandlung –, Ihre Interessen zu befriedigen. Dann überlegen Sie, wie gut jede von ihnen Ihre Interessen abdeckt, und was Sie tun würden, falls Sie diese Alternative verfolgen wollten, anstatt ein Angebot aus Ihrer Verhandlung anzunehmen. Wählen Sie die Alternative, die Ihre Interessen am besten befriedigt. Können Sie sie verbessern? Je besser Ihre beste Alternative ist, desto selbstsicherer werden Sie sich in der Verhandlung fühlen, weil Sie wissen, Sie müssen kein Angebot akzeptieren, das nicht mindestens so gut ist wie Ihre beste Alternative.

Ob sie es so nennt oder nicht, die Person, mit der Sie verhandeln, hat ebenfalls eine beste Alternative. Und sie wird nur dann mit Ihnen ein Geschäft abschließen, wenn Ihr Angebot besser ist als diese.

Steve und Cathy versuchten, sich an die Stelle des Verkäufers ihres lokalen Händlers zu versetzen (so weit sie es konnten, ohne ihn aufzusuchen), und dachten darüber nach, worin seine Alternativen bestehen könnten. Sie füllten den Fragebogen *Alternativen 3: Herausfinden der Alternativen der Gegenseite* aus.

Sie dachten natürlich zuerst über seine möglichen Interessen nach und kamen auf vier: (1) Kommissionen aus Verkäufen zu erhalten, (2) neue Kunden zugeschickt zu bekommen, (3) zukünftige Aufträge für die Service-Abteilung hereinzuholen und (4) bei seinem Chef gut dazustehen.

Auf der Grundlage dieser Interessen schienen ihnen die wahrscheinlichsten Alternativen des Verkäufers folgende zu sein: (1) das gleiche Auto an einen anderen Kunden zu verkaufen suchen, (2) zu versuchen, das Auto an eine nahegelegene Autovermietung zu verkaufen, die auf ältere Gebrauchtwagen spezialisiert ist, oder (3) den Wagen an einen anderen Händler zu verkaufen.

Jede dieser Alternativen befriedigt die Interessen des Verkäufers in gewissem Umfang, einige mehr als die anderen. Zum Beispiel könnte es mehr Geld bringen, weiterhin zu versuchen, das Auto vom Platz weg zu verkaufen, aber es könnte mehr an Werbungs- und Lagerhaltungskosten bedeuten, und es ist eine unsichere Sache. Das Auto an ein Mietwagengeschäft oder einen anderen Händler zu verkaufen könnte weniger Geld bringen und in gewisser Weise das Eingeständnis bedeuten, daß der Verkäufer es nicht schafft, es innerhalb eines angemessenen Zeitraums selbst zu verkaufen.

Ein letzter Schritt der Vorbereitung von Steve und Cathy hinsichtlich der besten Alternative des Verkäufers besteht in der Überlegung, ob sie deren Attraktivität verringern und damit ihr Angebot verbessern können. Hierbei ist der Fragebogen *Alternativen 4: Annahmen über die beste Alternative der Gegenseite* hilfreich. Ohne mehr zu wissen als gegenwärtig, könnte es für sie schwierig sein, diese Alternativen sehr gut zu bewerten, aber durch einige Anrufe könnten sie genug erfahren, um der Prahlerei des Verkäufers zu begegnen, wie gut seine Alternativen sind. Zum Beispiel könnte ihnen das Mietwagengeschäft sagen, wieviel sie für ein ähnliches

Auto zahlen müßten, oder dessen Bank (die wahrscheinlich Gebrauchtwagenhändler finanziert) könnte ihnen sagen, was der Großhandelswert des Autos auf der Basis von Branchenstandards sein könnte. Und wenn sie etwas selbstsicher auftreten – indem sie eine kleine Anzahlung dalassen, um ihr Angebot für eine Woche zu garantieren –, könnten sie die Wahrscheinlichkeit verringern, daß der Verkäufer (oder sein Chef) viel Energie aufwenden will, nach einem anderen Kunden für das Auto zu suchen.

# 6

## LEGITIMITÄT

Welche Kriterien will ich anwenden, um uns
beide davon zu überzeugen,
daß wir nicht hereingelegt werden?

Wie gut man auch die Interessen der anderen Seite versteht und wie
erfindungsreich man ist, sie zur Übereinstimmung zu bringen, man
wird fast immer der harten Realität unvereinbarer Interessen gegenüberstehen. Manche Verhandlungspartner versuchen, dieses Problem durch Willenskraft zu lösen: »Ich bin dickköpfiger als Sie, also
geben Sie mir, was ich will!« oder »Ich verlange fünfzig Mark, und
damit basta!« Effektive Verhandlungspartner jedoch *überzeugen* ihr
Gegenüber. Sie verstehen, daß es normalerweise wirkungsvoller ist,
der anderen Seite die *Fairneß* eines bestimmten Ergebnisses klarzu-
machen, anstatt durch Sturheit zu überzeugen. Darüber zu streiten,
was man tun will oder nicht tun will, erzeugt einen Wettbewerb, in
dem die Gegenseite weiß, daß Sturheit belohnt wird. Diesen Anreiz
möchten wir für keine Seite schaffen. Wir möchten lieber, daß beide
Seiten für neue Ideen offen sind.

Wir sagen nicht »Seien Sie fair, um nett zu sein«, nicht einmal
»Seien Sie fair, um ein faires Übereinkommen zu erzielen«. Das sind
mögliche Nebeneffekte. Wir meinen, Fairneßkriterien sind so wertvoll wie ein Schwert, um andere zu überzeugen, oder wie ein Schild,
um uns davor zu schützen, unfair behandelt zu werden.

Um mich davor zu schützen, hereingelegt zu werden, muß ich
wissen, daß ein vorgeschlagenes Ergebnis – gemessen an externen
Standards – fair ist. Und um die Gegenseite davon zu überzeugen,
daß sie nicht hereingelegt wird, muß ich ihr klarmachen, daß das,
was ich von ihr verlange, legitim ist, d. h. richtig. Wenn ich mich
und die andere Seite davon überzeugen will, daß ein bestimmtes

Abkommen fair ist, muß ich externe Standards – Präzedenzfälle oder andere objektive Kriterien der Legitimität – greifbar haben. Solche Prinzipien und Kriterien helfen Verhandlungspartnern bei der Auswahl unter den ermittelten Optionen und geben beiden Seiten etwas, worauf sie hinweisen können, wenn sie erläutern, warum sie ein ausgehandeltes Abkommen akzeptiert haben.

Sich auf Überzeugen vorzubereiten erfordert, über das nachzudenken, sogar zu forschen, was Sie in die Lage versetzt, Ihrem Gegenüber zu zeigen, daß er oder sie zustimmen sollte – daß das Abkommen sinnvoll ist und er/sie es anderen erläutern kann. Ein solches Ergebnis erfordert hartes Nachdenken über Standards oder Meinungen, die die Gegenseite für überzeugend halten würde, und darüber, wie man diese in die Verhandlung einbringen kann.

## Übliche Fehler

### Völliges Ignorieren der Legitimität

Verhandlungspartner ignorieren das Element der Legitimität auf eigene Gefahr. Wenn sie es versäumen, sich auf eine Diskussion der Gründe möglicher Abkommen vorzubereiten, gehen sie in eine Verhandlung und können nicht viel mehr sagen als »Lassen Sie uns dem zustimmen, weil es das ist, was ich will« (anstatt zu erläutern, warum sie das, was sie wollen, für vernünftig oder angemessen halten). Folglich kann der unvorbereitete Verhandlungspartner nur drohen, wenn die andere Seite Widerstand leistet, oder Zugeständnisse machen, um der Gegenseite das Abkommen zu versüßen. Sich nicht auf eine Diskussion objektiver Kriterien vorzubereiten kann ein teurer Fehler sein.

### Nicht darüber nachdenken, wie die Gegenseite das Abkommen erläutern will

Ein anderer häufiger Fehler besteht darin, nicht daran zu denken, wie Ihr Gegenüber das Abkommen seinen oder ihren Interessengruppen erklären will – seien es Klienten, Mitglieder einer Organisation, Vorgesetzte, Familienmitglieder oder Golfkumpane. Wenn

Sie annehmen, daß es deren Problem ist (statt Ihre Verantwortung), eine akzeptable Erklärung zu finden, dann riskieren Sie, daß sie das nicht können. Folglich besteht die Gefahr, daß sie entweder das Abkommen nicht akzeptieren (weil es schwierig ist, das zu tun, wenn sie nicht erklären können, warum) oder es zwar akzeptieren, sich aber nicht dementsprechend verhalten, wie sie es bei einer Vereinbarung tun würden, die sie verstehen und erklären können.

*Nur an eine einzige objektive Begründung denken*

Nur an *eine* objektive Begründung für ein mögliches ausgehandeltes Ergebnis gedacht zu haben könnte nicht ausreichend sein. Genauso, wie ein geringes Wissen gefährlich sein kann, kann auch eine Vorbereitung, die zu eng ausgerichtet ist – auf eine einzige Möglichkeit der Rechtfertigung eines Abkommens –, riskant sein. Die Folge dieser Art Vorbereitungsfehler ist eine Verhandlung, in der man sich auf Positionen zu Rechtfertigungen versteift, was genauso problematisch ist, wie sich auf Positionen zu Lösungen zu versteifen. In eine Verhandlung zu gehen in der Überzeugung, daß es nur eine richtige Antwort gibt, ist ein Rezept für eine angespannte, kontrovers geführte Verhandlung, bei der einer gewinnt und einer verliert. Ein gut vorbereiteter Verhandlungspartner hat eine Sammlung möglicher Grundsätze oder Kriterien parat, die benutzt werden können, um eine ganze Spannweite vernünftiger Lösungen des anstehenden Problems sowie mehrere Punkte dazwischen zu definieren.

# Der gut vorbereitete Verhandlungspartner

*Entwickeln Sie eine Spannweite der Fairneß*

In sehr wenigen Verhandlungen gibt es nur *eine* richtige Antwort. Das Element »Legitimität« hilft, die Spannweite der Möglichkeiten auf die einzugrenzen, bei denen jede Seite fair behandelt wird. »Fair« bedeutet nicht immer »gleich« – »fair« heißt nicht immer in der Mitte teilen. Es gibt oft gute Gründe dafür, daß eine andere Vereinbarung angemessen ist. Um gut vorbereitet zu sein, sollten Sie sich eine ganze Palette objektiver Kriterien überlegen, die Ihnen und Ihrem Gegenüber helfen können herauszufinden, was unter den Umständen angemessen ist. Indem man auf etwas außerhalb des Willens der Parteien schaut, auf externe Standards oder Prinzipien, kann man es vermeiden, in einen Kampf über das zu geraten, was man tun will oder nicht tun will. Dann kann man darüber diskutieren, was man tun sollte.

Wenn Sie während der Verhandlung eine ganze Reihe von Standards zur Verfügung haben, wird Ihnen das helfen zu vermeiden, in einen Positionskampf über Standards verwickelt zu werden. Die Vorbereitung mehrerer Standards oder Kriterien, die für einen Außenstehenden überzeugend sein könnten, wird Sie bewußter dafür machen, wie Ihr Verhandlungspartner über die Situation denken mag. Und je besser Sie ihn oder sie verstehen, desto effektiver können Sie sein. Wenn Sie verschiedene Standards vorbereitet haben, können Sie die hervorheben, die für Sie am vorteilhaftesten sind. Aber tun Sie dies konstruktiv und überzeugend.

## Denken Sie über »faire« Verfahren nach

Es ist nicht immer leicht, eine Grundregel oder einen Standard zu finden, der Ihnen und Ihrem Verhandlungspartner hilft, zu einer Übereinkunft zu gelangen. Oft, sogar nach dem Einsatz objektiver Kriterien zur Eingrenzung des möglichen Abkommens, fehlt noch der letzte Sprung von den Möglichkeiten zum Vertragsabschluß. In diesen Situationen zahlt es sich aus, Zeit zu investieren und über faire Verfahren nachzudenken.

Denken Sie über Methoden der Entscheidungsfindung nach – nicht über tatsächliche Entscheidungen –, die beide Seiten ansprechen, weil sie vernünftig scheinen oder keiner Seite einen unfairen Vorteil verschaffen. Manchmal kann das, was wir als Kinder getan haben, um eine faire Aufteilung sicherzustellen, auch in unserem Erwachsenenleben Anwendung finden: »Ich schneide, du wählst« oder eine Münze hochwerfen haben in Wirtschaft und Politik ihre Analogien. Zu vereinbaren, zu einem Dritten zu gehen, der von beiden Seiten als unparteiisch angesehen wird, kann den Parteien helfen, die letzte Lücke zwischen den Positionen zu überwinden, die durch Argumente gestützt werden, die nicht überzeugend genug sind, um die Angelegenheit zu klären. Das Nachdenken darüber, wie Sie einige dieser Verfahren auf den zur Diskussion stehenden Fall anwenden können, kann sich als nützlich erweisen, falls die Verhandlung ins Stocken gerät.

*Helfen Sie der Gegenseite, das Ergebnis der Verhandlung zu erklären*

Wie würden Sie sich fühlen, wenn Sie das Ergebnis Ihrer Verhandlung mit den Worten erläutern würden: »Ich forderte zu Anfang einhundert, aber sie boten zwanzig. Nach vielem Hin und Her einigten wir uns auf sechzig«? Sie zucken wahrscheinlich zusammen bei dem Gedanken an die voraussichtliche Antwort: »Warum haben Sie nicht bei einhundertfünfzig angefangen?« oder »Warum waren Sie nicht härter?« Wäre es nicht angenehmer, das Ergebnis mit Begriffen wie Branchenpraxis, Mengenrabatt oder Qualitätsbonus usw. zu erklären?

Wir alle haben jemanden, dem wir das Ergebnis einer Verhandlung erläutern müssen. Manchmal ist es unser Chef oder Klient, manchmal der Ehegatte oder sogar unser eigenes Abbild im Spiegel. Wir könnten uns einfach davon überzeugen, das Finden von Erklärungen gegenüber diesen Personen sei »deren Problem«, nicht unseres. Wenn sie jedoch »ihr Problem« nicht gut lösen, wird es zu unserem Problem! Egal, wem gegenüber die andere Seite sich verantworten muß, wenn sie keine überzeugende Erklärung geben kann, warum sie das Abkommen abgeschlossen hat, wird es sehr schwierig, wenn nicht unmöglich für ihre Gefolgsleute, es zu akzeptieren, oder, falls sie es akzeptiert haben, es guten Willens zu erfüllen. Und das ist zweifellos unser Problem.

Die folgenden drei Fragebogen können Ihnen helfen, überzeugend aufzutreten.

*Legitimität 1:* Benutzung
externer Standards als Lanze
und Schild

**Verhandelnder:**
.......................................................

**Gegenseite:**
.......................................................

**Gegenstand:**
.......................................................

**Welche spezifische Sachfrage muß in dieser Verhandlung gelöst werden?**

.........................................................................................................

.........................................................................................................

.........................................................................................................

**Mögliche Standards** (Präzedenzfälle, Benchmarks, frühere Praxis, akzeptierte Grundsätze usw.)

Schreiben Sie Standards entlang einer Skala von »am ungünstigsten« für Sie bis »am günstigsten«.
Unter jedem Standard notieren Sie, was er für diesen Fall bedeuten würde.

Standards:

am un-
günstig-
sten

$\longleftarrow$ ───────────────────────────────── $\longrightarrow$

am
günstig-
sten

Anwendung
der Standards
auf diesen Fall

**Andere Standards, die relevant sein könnten bzw. weitere Nachforschungen erfordern:**

.........................................................................................................

.........................................................................................................

.........................................................................................................

**Datum:**

**Legitimität 1**

*Legitimität 2:* Nutzung der
*Fairneß des Verfahrens, um zu*
*überzeugen*

**Verhandelnder:** ...........................................

**Gegenseite:** ...........................................

**Gegenstand:** ...........................................

---

**Überzeugungsmethoden**

Wenn Sie einer Lösung nicht zustimmen können, können Sie vielleicht der Methode zustimmen, eine akzeptable Lösung zu finden. Falls Ihnen eines der folgenden Verfahren interessant erscheint, wie könnte man es auf diesen Fall anwenden?

»Ich schneide, du wählst«
..................................................................................................................................

Eine Münze werfen
..................................................................................................................................

Die Meinung eines Experten einholen
..................................................................................................................................

Einen Schlichter entscheiden lassen
..................................................................................................................................

..................................................................................................................................

..................................................................................................................................

**Reziprozitätstest**

In manchen Fällen kann Reziprozität sehr überzeugend sein: Gibt es Verhandlungen, bei denen sich Ihr Verhandlungspartner in einer ähnlichen Situation wie Sie befindet?

..................................................................................................................................

Wenn ja, welche Standards oder Argumente könnte er/sie in der Situation benutzen?

..................................................................................................................................

Wie könnten Sie diese Standards oder Argumente hier einsetzen?

..................................................................................................................................

..................................................................................................................................

---

**Datum:**                                                       **Legitimität 2**

**Legitimität 3:** *Angebot einer*
*attraktiven Möglichkeit für die Gegen-*
*seite, ihre Entscheidung zu erläutern*

**Verhandelnder:**
.................................................

**Gegenseite:**
.................................................

**Gegenstand:**
.................................................

Falls die Gegenseite das Ergebnis dieser Verhandlung einer ihr wichtigen Person erklären muß, könnte diese mit den folgenden Punkten überzeugt werden:

1.
.................................................................................................

.................................................................................................

.................................................................................................

.................................................................................................

2.
.................................................................................................

.................................................................................................

.................................................................................................

.................................................................................................

3.
.................................................................................................

.................................................................................................

.................................................................................................

.................................................................................................

4.
.................................................................................................

.................................................................................................

.................................................................................................

**Datum:**                                               **Legitimität 3**

# Ein Beispiel

KidWorld Mfg. Co. und die Gewerkschaft ASSEMBLY WORKERS OF AMERICA verhandeln seit Wochen über einen neuen Dreijahresvertrag. Sie haben eine Anzahl von Problemen gelöst und sich vorläufig über Löhne, Arbeitsregeln und Leistungszulagen geeinigt. Das nächste Diskussionsthema verspricht jedoch, schwierig zu werden.

Krankenversicherung ist bei KidWorld zu einem sensiblen Thema geworden. Als Teil des Leistungspakets für Fließbandarbeiter übernimmt KidWorld etwa 50 Prozent der Krankenversicherungskosten der Arbeiter. In diesem Prozentsatz sind Versicherungsprämien, Zuzahlungen, Selbstbehalte usw. eingeschlossen. Einer Studie externer Berater zufolge erhöhen KidWorlds gegenwärtige Aufwendungen für Krankenversicherung die Kosten des verkauften Spielzeugs um 12 Prozent, eine um das Vierfache höhere Zahl als bei den ausländischen Konkurrenten. Die Geschäftsleitung ist auch darüber besorgt, daß die Aufwendungen für die Krankenversicherung schneller gestiegen sind als alle anderen Kosten, mit Ausnahme der Löhne, die sich einschließlich der Leistungszulagen doppelt so stark wie die Inflationsrate erhöht haben.

Die Gewerkschaft ist ebenfalls wegen der Krankenversicherung beunruhigt. Eine Befragung ihrer Arbeiter hat ergeben, daß der sinkende Gegenwert ihrer Krankenversicherungsausgaben an zweiter Stelle der Sorgen der Beschäftigten rangiert, nach der Furcht um die Sicherheit der Renten. Im Laufe der letzten Jahre haben die Versicherungsleistungen des Unternehmens nicht mit der Inflation im Gesundheitssektor Schritt gehalten, und die Beiträge und Zuzahlungen der Beschäftigten sind gestiegen. KidWorld rangiert bei den Krankenversicherungsleistungen zwar in der oberen Hälfte der Arbeitgeber, bei denen die ASSEMBLY WORKERS OF AMERICA vertreten ist, liegt aber unter einer bedeutenden Anzahl einheimischer Konkurrenten, die in Größe und Struktur ähnlich sind.

Das Verhandlungsteam der Gewerkschaft bereitet sich auf die Begegnung mit dem Team des Unternehmens vor. Die Verhandlungen über dieses Thema waren schon immer schwierig gewesen. Das Gewerkschaftsteam verlangte Unmögliches (volle Deckung aller Krankheitskosten), und das Unternehmen klagte darüber, daß es wegen der steigenden Krankheitskosten gegenüber der ausländischen Konkurrenz an Boden verliert. Bei den letzten Verhandlungen hat das Unternehmen versucht, die Gewerkschaft zu veranlassen, einige Gesundheitsleistungen »zurückzugeben«.

In diesem Jahr hat die Gewerkschaft beschlossen, mit mehr als lautstarkem Disput und der Drohung mit Arbeitskämpfen in die Verhandlung zu gehen. Das Verhandlungsteam hat über mögliche Lösungen des Problems, verursacht durch steigende Kosten im Gesundheitsbereich, nachgedacht, und es will außerdem versuchen, für die Behandlung des Themas überzeugende Standards auf den Tisch zu legen.

***Legitimität 1:*** *Benutzung externer Standards als Lanze und Schild*

**Verhandelnder:** *Gewerkschaftsteam*
**Gegenseite:** *KidWorld-Team*
**Gegenstand:** *Krankenversicherung*

**Welche spezifische Sachfrage muß in dieser Verhandlung gelöst werden?**

*Welchen Anteil der gesamten Krankenversicherungskosten sollte das Unternehmen zahlen?*

**Mögliche Standards** (Präzedenzfälle, Benchmarks, frühere Praxis, akzeptierte Grundsätze usw.)

Schreiben Sie Standards entlang einer Skala von »am ungünstigsten« für Sie bis »am günstigsten«.
Unter jedem Standard notieren Sie, was er für diesen Fall bedeuten würde.

**Andere Standards, die relevant sein könnten bzw. weitere Nachforschungen erfordern:**

*Inflation = 3% p.a.*     *Inflation Gesundheitskosten = 12% p.a.*

*Angestellte bei KidWorld = ?*

*Übereinstimmung Pensionsplan mit Beiträgen = 100%*

*Anteil vom Lohn, den Beschäftigte für Krankenversicherung ausgeben müssen = ?*

*Im Vergleich zu: Angestellten, ausländischen Konkurrenten, KidHeaven Stores?*

**Datum:**                                                    **Legitimität 1**

***Legitimität 2:*** *Nutzung der Fairneß des Verfahrens, um zu überzeugen*

**Verhandelnder:** *Gewerkschaftsteam*

**Gegenseite:** *KidWorld-Team*

**Gegenstand:** *Krankenversicherung*

---

**Überzeugungsmethoden**

Wenn Sie einer Lösung nicht zustimmen können, können Sie vielleicht der Methode zustimmen, eine akzeptable Lösung zu finden. Falls Ihnen eines der folgenden Verfahren interessant erscheint, wie könnte man es auf diesen Fall anwenden?

»Ich schneide, du wählst«

Eine Münze werfen

Die Meinung eines Experten einholen

Einen Schlichter entscheiden lassen    *Entscheidung zwischen letzten Angeboten?*

*Einer Zahl zustimmen, aber wenn KidWorld mit jemand anderem einen besseren Vertrag abschließt, gilt der auch für uns.*

*Meistbegünstigtes Land*

**Reziprozitätstest**

In manchen Fällen kann Reziprozität sehr überzeugend sein: Gibt es Verhandlungen, bei denen sich Ihr Verhandlungspartner in einer ähnlichen Situation wie Sie befindet?

*Ja, beim Verhandeln mit Einzelhändlern über gemeinsame Werbung.*

Wenn ja, welche Standards oder Argumente könnte er/sie in der Situation benutzen?

*KidWorld möchte Mitspracherecht, wie ihr Geld ausgegeben wird, und Gelegenheit zu besserem Abkommen.*

Wie könnten Sie diese Standards oder Argumente hier einsetzen?

*Wir könnten das gleiche sagen: Die Gewerkschaft sollte Mitspracherecht haben, wie die Beiträge der Beschäftigten eingesetzt werden, und Gelegenheit, Preisvergleiche anzustellen.*

---

**Datum:**                                                **Legitimität 2**

| | |
|---|---|
| **Legitimität 3:** Angebot einer attraktiven Möglichkeit für die Gegenseite, ihre Entscheidung zu erläutern | **Verhandelnder:** *Gewerkschaftsteam* |
| | **Gegenseite:** *KidWorld-Team* |
| | **Gegenstand:** *Krankenversicherung* |

Falls die Gegenseite das Ergebnis dieser Verhandlung einer ihr wichtigen Person erklären muß, könnte diese mit den folgenden Punkten überzeugt werden:

1. *»Das entspricht anderen Leistungen bei KidWorld und der Branchenpraxis.«*

2. *»Wir haben die Grenzlinie bei einem Niveau gezogen, das uns wettbewerbsfähig hält.«*

3. *»Es ist nur fair, den Beschäftigten die Möglichkeit zu geben, an der Entscheidung über die Ausgabe des Geldes für Krankenversicherung zu ihrem Nutzen mitzuwirken. Wir möchten das gleiche, wenn die Einzelhändler unser Geld für Werbung ausgeben.«*

4.

---

**Datum:** **Legitimität 3**

Wie wir sehen können, bereitet sich das Verhandlungsteam der ASSEMBLY WORKERS auf die Begegnung mit dem KidWorld-Team vor. Sie erwarten, daß sich die nächste Verhandlungsrunde mit den Leistungen für Krankenversicherung befaßt, insbesondere mit der Frage, welchen Anteil an diesen Kosten das Unternehmen tragen soll. Wie bei allen Problemen, die mit einer Zahl gelöst werden können, könnte diese Verhandlung auf ein Nullsummenspiel hinauslaufen und zu einem Gerangel um Positionen werden. Daher könnten Standards hilfreich sein, mit deren Hilfe eine angemessene Lösung gefunden werden kann.

Mit Hilfe des Fragebogens *Legitimität 1: Benutzung externer Standards als Lanze und als Schild* überlegte die Gewerkschaft, welche objektiven Standards angewendet werden könnten, um zu bestimmen, wieviel von den Krankenversicherungskosten das Unternehmen tragen soll und wieviel die Arbeiter übernehmen müßten. Am linken Ende des Spektrums steht wahrscheinlich der Eckwert, nach dem das Unternehmen sucht, insbesondere nachdem die Studie der Consultingfirma gezeigt hat, wieviel niedriger die Arbeitskosten im Ausland sind.

Einige von KidWorlds ausländischen Wettbewerbern zahlen nur 25 Prozent der Krankheitskosten ihrer Beschäftigten. (In manchen Ländern ist der Anteil noch niedriger, was für den riesigen Unterschied in der »Gesundheitskomponente« der gesamten Herstellungskosten verantwortlich ist.)

Am anderen Ende des Spektrums würde eine Abdeckung von 100 Prozent aller gesundheitsbezogenen Aufwendungen stehen. Leider konnte das Gewerkschaftsteam keine objektive Basis für diese Position finden. Sie werden weiter suchen, aber im Moment haben sie keine Beispiele von vergleichbaren Unternehmen in ähnlichen Branchen, die die Kosten voll übernehmen. Fertigungsunternehmen der gleichen Größe wie KidWorld, aber außerhalb der Spielzeugbranche, scheinen im Durchschnitt 40 Prozent zu übernehmen, während andere Spielzeugunternehmen in den USA durchschnittlich 65 Prozent zahlen. Und KidHeaven Stores, ein sehr bewunderter Kunde, deckt 75 Prozent der Krankenversicherungsausgaben seiner Beschäftigten ab. Noch zu untersuchen ist, welche Kostenübernahme die Bundesregierung ihren Beschäftigten gewährt.

Bei der Ausweitung seiner Suche fand das Gewerkschaftsteam zusätzliche Vergleichspunkte, wie die allgemeine Inflationsrate, die Preissteigerung im Gesundheitssektor und die Übereinstimmung des Pensionsplans des Unternehmens mit den Beiträgen. Noch festzustellen ist die Art der Kostenübernahme, die KidWorld seinen Angestellten (im Vergleich zu den Arbeitern) gewährt.

Ein anderes interessantes Kriterium, das noch einige Analysearbeit erfordert, resultierte aus der Überlegung, welchen relevanten Standard ein Außenstehender vorschlagen würde: Wie hoch ist der Anteil der Krankenversicherungsausgaben an den Gesamtbezügen der Beschäftigten? Diese Zahl ist für die Arbeiter in vieler Hinsicht relevanter, weil sie sagt, wieviel von ihrem verfügbaren Einkommen für Krankenversicherung aufgewendet wird. Wie hoch ist die Zahl im Vergleich zu den Angestellten bei KidWorld, zu den Fließbandarbeitern bei den gefürchteten ausländischen Konkurrenten und zu den Beschäftigten von KidHeaven Stores?

Bisher hat sich die Vorbereitung in erster Linie darauf konzentriert, objektive Kriterien und quantifizierbare Standards zu finden, die das Verhandlungsteam von KidWorld für eine überzeugende Möglichkeit halten könnte, den Anteil der gesundheitsbezogenen Ausgaben zu bestimmen, den das Unternehmen zu zahlen bereit ist. Diese Zahlen und Standards sollten die Diskussion mehr auf die Sachfrage konzentrieren und darauf, welcher Lösung die Parteien zustimmen sollten, anstatt auf das, was jeder tun oder fordern will oder nicht tun oder nicht fordern will.

Es gibt aber noch weitere nützliche Prinzipien, deren Anwendung das Gewerkschaftsteam überdenken könnte. Es sind die auf dem nächsten Fragebogen *Legitimität 2: Nutzung der Fairneß des Verfahrens, um zu überzeugen.* Eine Möglichkeit der Überzeugung besteht im Nachdenken über den Entscheidungsprozeß. Anstatt zu versuchen, eine Lösung des Problems zu finden, sucht man nach der Zustimmung zu der Methode, wie man eine akzeptable Lösung findet. Als Kinder haben wir das oft intuitiv getan: »Ich schneide, du wählst« war eine übliche Methode, die faire Aufteilung einer Süßigkeit sicherzustellen.

Wenn es keine Möglichkeit der Aufteilung oder eines Kompromisses gab, überließ das Werfen einer Münze es dem Zufall, wer siegte. Diese und andere Verfahren wurden als fair empfunden, weil sie nicht davon abhingen, wer am lautesten auf den Tisch schlagen konnte.

Solche Verfahren, die eine Entscheidung dem Zufall überlassen, appellierten an einen fundamentalen Sinn für Fairneß. Was damals funktionierte, kann auch heute noch funktionieren. Ein Teil der Vorbereitung auf eine schwierige Verhandlung, in der wahrscheinlich um Positionen in bezug auf ein konkretes Problem gestritten wird, besteht im Nachdenken über ein Verfahren, das für beide Seiten ausreichend fair scheint und helfen kann, eine Sackgasse in der Sachfrage zu überwinden.

Das Gewerkschaftsteam fand kein Äquivalent zu »Ich schneide, du wählst« oder dem Werfen einer Münze, aber es war der Meinung, die »Entscheidung zwischen letzten Angeboten« könnte als letzte Rettung attraktiv sein.

Das Verfahren besteht ganz einfach darin, daß beide Seiten einem neutralen Schlichter (den beide akzeptieren können) ihr letztes bindendes Angebot übergeben, zusammen mit einer Erklärung, warum dieses Angebot angemessen ist. Der Schlichter muß dann eines der Angebote auswählen, anstatt einen Kompromiß in der Mitte zu finden. Dadurch sollen die Parteien veranlaßt werden, vernünftige letzte Angebote vorzulegen, da sonst das Risiko besteht, daß das Angebot einer Seite »vernünftiger« scheint als ein extremeres Angebot.

Das Gewerkschaftsteam fand noch eine weitere potentielle überzeugende Methode, eine Übereinkunft zu erzielen: Die Parteien könnten einem bestimmten Kostenbeitrag zur Krankenversicherung zustimmen, aber auch damit einverstanden sein, daß die ASSEMBLY WORKERS den Status eines »meistbegünstigten Landes« erhalten. Das heißt, falls KidWorld mit einer anderen Gewerkschaft (Transport, Büroangestellte, Wartungsarbeiter usw.) ein für diese günstigeres Abkommen trifft, wird das mit ASSEMBLY WORKERS abgeschlossene entsprechend angepaßt.

Wenn Sie sich auf eine Verhandlung vorbereiten, ist es nützlich, über mögliche Situationen nachzudenken, in denen Ihr Gegenüber in einer ähnlichen Lage ist wie Sie jetzt mit ihm. Mit wem verhandelt er dann und worüber? Zum Beispiel muß jedes Unternehmen, das verkauft, auch kaufen, und die meisten Manager müssen sich jemandem gegenüber für ihre Leistung verantworten.

Wenn Sie herausfinden können, in welche vergleichbare Situation Ihre Gegenseite geraten kann und welche Prinzipien sie bei solchen Verhandlungen gerne angewendet haben möchte, dann können Sie vielleicht einen sehr überzeugenden Standard finden, der auf Ihre Verhandlung angewendet werden kann (er wird im allgemeinen der »Standard der Reziprozität« genannt).

Das Gewerkschaftsteam hatte mit diesem Teil seiner Vorbereitung einige Mühe. Es ist nicht leicht, sich vorzustellen, wie KidWorld jemanden sucht, der für einen Teil einer benötigten Leistung bezahlt.

Das am besten passende Beispiel, das ihnen einfiel, war Gemeinschaftswerbung: Große Einzelhändler, wie KidHeaven Stores, erwarten von den Herstellern, daß sie einen Teil der Werbungskosten des Händlers für ihre Produkte tragen. Auf dem hart umkämpften Markt, in dem KidWorld sich befindet, besitzen die größten Einzelhändler eine große Verhandlungsmacht, und sie sagen den Herstellern, welchen Anteil an den Werbungskosten sie zu tragen haben, wobei sie ihnen wenig Mitsprachemöglichkeit darüber einräumen, wie das Geld ausgegeben wird. Das Verhandlungsteam der Gewerkschaft hat oft gehört, wie sich Manager von KidWorld darüber beklagten, welch geringen Einfluß sie auf die Verwendung ihres Geldes hätten. Sie meinen, wenn ihre Position stärker wäre, könnten sie dafür einen höheren Gegenwert erhalten. – Auch wenn die Situation im besten Fall eine entfernte Analogie darstellt, enthält sie doch ein Prinzip, das auf die anstehende Verhandlung über die Krankenversicherung angewendet werden und mit dem sich das KidWorld-Team anfreunden könnte: Gegenwärtig haben die Vertreter der Gewerkschaft kein Mitspracherecht über die Verwendung des Geldes für die Krankenversicherung. Das Unternehmen wählt den Versicherungsschutz, handelt die Prämien aus und informiert die Arbeiter, daß es die Hälfte dieser Kosten übernimmt. Es könnte sein, daß die Gewerkschaft, wenn sie mit mehreren Versicherungsgesellschaften über die Prämien verhandeln würde, die Macht ihrer 250 000 Mitglieder einsetzen könnte, um eine niedrigere Prämie zu erreichen als KidWorld mit seinen 10 000 Beschäftigten.

Der letzte Teil der Vorbereitung auf die Überzeugungsarbeit erfordert Nachdenken darüber, wie die Gegenseite das Ergebnis erklären könnte, insbesondere, wie sie das Abkommen ihren

Interessengruppen, Vorgesetzten oder Managerkollegen beschreiben könnte.

Mit Hilfe des Fragebogens *Legitimität 3: Angebot einer attraktiven Möglichkeit für die Gegenseite, ihre Entscheidung zu erläutern* fand die Gewerkschaft ganz leicht eine Erklärung gegenüber relativ unparteiischen Beobachtern. Schwieriger war es, eine mögliche Erklärung zu finden, die die Unternehmensleitung zufriedenstellen würde, weil sie einen Bezug zur Wettbewerbsfähigkeit des Unternehmens erforderte. Beim weiteren Nachdenken kam dem Gewerkschaftsteam die Idee, daß das Abkommen ein Element des Produktivitätsgewinns oder eine andere Beziehung zur Wettbewerbsfähigkeit des Unternehmens enthalten müßte. Andernfalls wäre das Verhandlungsteam von KidWorld wahrscheinlich nicht in der Lage, das Abkommen allen daran Interessierten zu »verkaufen«.

# 7

## KOMMUNIKATION

### Bin ich darauf vorbereitet, aufmerksam zuzuhören und verständlich zu reden?

Das Verfahren ist von großer Bedeutung. Es kann offene Feindschaft zwischen Verhandlungspartnern in ein gemeinsames Siegesgefühl umwandeln und umgekehrt. Es kann das, was wie eine einfache Entscheidung aussieht, in einen bürokratischen Alptraum verwandeln, oder eine durcheinandergeratene Situation mit vielen Parteien handhabbar machen, so daß ein Fortschritt möglich ist.

Da »Verfahren« ein zu breiter Begriff ist, um bei der Vorbereitung auf eine Verhandlung darüber nachzudenken, können Sie sich auf zwei wichtige Aspekte konzentrieren, die in enger Beziehung zueinander stehen:

1. Wie kommunizieren wir mit der anderen Seite?
und
2. Wie gestalten wir unsere Arbeitsbeziehung?

In diesem Kapitel greifen wir das erste Problem auf – gute Kommunikation. In Kapitel 8 behandeln wir die Frage, wie man sich darauf vorbereitet, eine gute Arbeitsbeziehung aufzubauen.

Wenn man verhandelt, sollte man sich um gute Kommunikation bemühen. Sie beseitigt Mißverständnisse und bewirkt, daß Verhandlungen effektiver ablaufen. Mit guter Kommunikation werden Verhandlungen zu Verfahren, die einen zukünftigen Umgang miteinander erleichtern.

Vorbereitung kann einem helfen, diese Ziele zu erreichen. Weil ein gut vorbereiteter Verhandlungspartner gründlich darüber nachdenkt, wie die andere Seite die Situation sehen und welche Sorgen sie bezüglich unserer Absichten haben könnte, ist er oder sie darauf vorbereitet, mit möglichen Meinungsverschiedenheiten umzugehen, und zwar in einer Weise, die die Parteien enger zusammenbringt, anstatt sie auseinanderzutreiben.

## Übliche Fehler

### Konzentration auf das Einstudieren des Textes

Wenn Verhandlungspartner den größten Teil ihrer Energie auf das Nachdenken darüber verwenden, was sie der anderen Seite sagen wollen, werden sie wahrscheinlich das Falsche sagen.

Einer der gebräuchlichsten Vorbereitungsfehler besteht darin, sich auf das Einstudieren des Textes zu konzentrieren. So beruhigend es sein mag, ein solches Einüben begrenzt gewöhnlich unsere Fähigkeit, etwas viel Wichtigeres zu tun: zuzuhören und zu verstehen. Es ist nicht so sehr ein Problem der Sturheit – an dem vorbereiteten Text festzuhalten, auch wenn er sich als irrelevant oder veraltet herausgestellt hat –, sondern eines der Perspektive und Aufmerksamkeit.

Wenn Sie sich durch Nachdenken darüber, was Sie sagen wollen, vorbereiten, werden Sie normalerweise nicht auf das vorbereitet sein, was die Gegenseite zu sagen hat oder wie sie das interpretiert, was Sie sagen.

### Ignorieren der blinden Flecken

Ein Verhandlungspartner kann nur einen Teil des Puzzles aus Interaktionen, Einschätzungen und Absichten erkennen. Bei unseren Handlungen sind wir uns gewöhnlich unserer eigenen Absichten und Einschätzungen durchaus bewußt, aber wir können nicht wissen, wie unsere Worte oder unsere Taten von der anderen Seite tatsächlich wahrgenommen werden oder welche Auswirkungen sie haben. Wenn wir zuhören und beobachten, können wir versuchen, uns bewußt zu sein, was unser Verhandlungspartner sagt und tut, wie wir es wahrnehmen und welchen Einfluß es auf uns hat. Aber so sehr wir es auch versuchen, wir können seine Absichten und Wahrnehmungen nicht erkennen.

Diese Beschränkungen an sich hindern uns jedoch nicht daran, effektive Verhandlungspartner zu sein. Aber sie zu ignorieren und so zu tun, als ob wir uns der Absichten der Gegenseite oder des Einflusses unserer Handlungen auf sie sicher sein könnten, wird unsere Fähigkeit, effektiv zusammenzuarbeiten, beeinträchtigen.

## Der gut vorbereitete Verhandlungspartner

*Bereiten Sie sich auf zweiseitige Kommunikation vor*

Der traditionelle Rat an Verhandlungspartner lautet, sorgfältig zuzuhören. Ungeachtet der Absichten oder favorisierten Taktik ist das Zuhören, so daß man dann entscheiden kann, was zu tun ist und wie es zu tun ist, von universeller Bedeutung. Verhandlungspartner vernachlässigen jedoch oft die Vorbereitung auf das Zuhören. Eingehende Untersuchungen über die Art der Kommunikation haben gezeigt, daß die Fähigkeit des Zuhörens durch alles mögliche beeinträchtigt werden kann – von den Annahmen, die in die Diskussion eingebracht werden, bis zu den Ablenkungen, die mit Sicherheit eintreten. Wenn wir es versäumen, einige Mühe auf das Zuhören zu verwenden, hören wir gewöhnlich nur das, was wir hören wollen, anstatt das, was unser Gegenüber mitteilen will.

Wenn Sie sich auf eine Verhandlung vorbereiten, ist es wichtig, über Ihre Erwartung nachzudenken, was die Gegenseite wahrscheinlich sagen wird – und wie Sie eine andere Botschaft erkennen könnten. Andernfalls werden es Ihre Annahmen wahrscheinlich schwierig, wenn nicht unmöglich machen, etwas anderes zu hören. Wenn Sie sich dabei ertappen, so etwas zu denken wie »Es gibt nichts, was er sagen könnte, das ich glauben werde«, dann ist es Zeit, die bevorstehende Besprechung zu überdenken und eine andere Möglichkeit der Kommunikation zu finden, vielleicht durch Taten statt Worte oder mit der Hilfe eines Vermittlers.

Um bei einer Verhandlung effektiv zu sein, sollten Sie sich in ähnlicher Weise auf die Übermittlung von Botschaften vorbereiten, so daß die andere Seite sie hören kann. Das erfordert einiges Nachdenken darüber, wie sie Ihre Aussagen durch die Filter ihrer Annahmen und Vorurteile interpretieren könnte. Es könnte eine

Umformulierung Ihrer Aussagen notwendig machen, so daß Sie tatsächlich das mitteilen, was Sie beabsichtigen. Das erfordert eine größere Anstrengung – aber was ist die Alternative? Wenn Sie etwas so darstellen, daß es wahrscheinlich mißverstanden wird, wird Ihre Kommunikation nicht dem beabsichtigten Zweck dienen.

Die zwei folgenden Fragebogen sollen Ihnen bei der Vorbereitung auf effektive Kommunikation helfen.

## Kommunikation 1:

*Überdenken meiner Annahmen,
und worauf ich hören sollte*

**Verhandelnder:** ...................................................

**Gegenseite:** ...................................................

**Gegenstand:** ...................................................

---

Der erste Schritt im Umgang mit Ihren blinden Flecken besteht darin, sich ihrer bewußt zu werden.
Listen Sie in der linken Spalte Ihre Annahmen über die Absichten und Einschätzungen der Gegenseite
auf. Notieren Sie in der rechten Spalte Kernsätze, die sie sagen könnte und die Sie veranlassen sollten,
Ihre Annahmen in Frage zu stellen.

---

**Meine Annahmen**
(Ich nehme an, daß ...)

**Worauf ich hören sollte**

...................................................    ...................................................

...................................................    ...................................................

...................................................    ...................................................

...................................................    ...................................................

...................................................    ...................................................

...................................................    ...................................................

...................................................    ...................................................

...................................................    ...................................................

...................................................    ...................................................

...................................................    ...................................................

...................................................    ...................................................

---

**Datum:**                                    **Kommunikation 1**

## Kommunikation 2:

*Umformulieren, damit die Gegenseite besser versteht*

Verhandelnder:
.......................................

Gegenseite:
.......................................

Gegenstand:
.......................................

| Meine Sichtweise | Wie könnte die Gegenseite sie auffassen? | Umformulierungen |
|---|---|---|
| (Listen Sie 3–5 Aussagen auf, die Sie machen könnten, um Ihre Interessen klar auszudrücken.) | (Notieren Sie für jede Aussage die mögliche Antwort der Gegenseite, z.B. »Ja, aber ...«) | (Formulieren Sie Ihre Aussagen so um, daß sie besser verstanden werden.) |

Datum:

**Kommunikation 2**

# Ein Beispiel

Weil Kommunikation und Beziehung Elemente sind, die sich auf den Prozeß der Interaktion zwischen Verhandlungspartnern konzentrieren, werden wir in den Kapiteln über Kommunikation und Beziehung das gleiche Beispiel benutzen.

Doris hat seit ein paar Monaten Streit mit ihrem Vermieter Pedro. Sie möchte, daß er die Wohnung streicht und einige Schönheitsreparaturen durchführt, aber er weigert sich. Doris ist so unglücklich über die Situation, daß sie an Auszug denkt. Das wäre ihr gerade jetzt äußerst ungelegen, bei dem, was in der Firma und der Familie vor sich geht.

Doris wohnt seit etwa zwei Jahren in dieser Wohnung, die in fast jeder Hinsicht wunderbar ist – nette Nachbarn, günstige Lage, viel Platz. Doris war hocherfreut, als sie sie fand, und sie akzeptierte die für sie relativ hohe Miete, weil sie meinte, ein Heim, das sie wirklich mag, sei das wert. Weil Pedro die Wohnung ein Jahr vorher gestrichen hatte, hatte Doris nicht auf dem bei Mieterwechsel üblichen Neuanstrich bestanden; es war ihr auch lieber gewesen, die Wohnung sofort bei Freiwerden zu nehmen. Aber es ist jetzt zwei Jahre später, und einige Räume zeigen deutliche Spuren der Abnutzung. Doris mußte einige Bücherregale umstellen und Bilderrahmen umhängen, um Stellen mit abblätternder Farbe zu verdecken, wo offensichtlich Feuchtigkeit und Temperaturwechsel (das Gebäude scheint nicht gut isoliert zu sein, und die Fenster sind alt und etwas zugig) den größten Schaden angerichtet haben.

Als sie Pedro das erste Mal fragte, ob er die Wohnung streichen lassen würde, erteilte er ihr eine Abfuhr. Als sie einige Wochen später noch einmal fragte, regte er sich furchtbar auf und meinte, er wäre nicht aus Geld gemacht und Doris solle sich nicht so anstellen. Von der Reaktion ihres normalerweise angenehmen und höflichen Vermieters überrascht, gab Doris klein bei. Wenn sie früher Pedro gebeten hatte, kleinere Sachen in Ordnung zu bringen (einen Lichtschalter oder verstopften Abfluß), hatte er es tatsächlich ohne Diskussion erledigt. Aber sie war weiterhin über das Aussehen ihrer Wohnung unglücklich, und nachdem einer ihrer Freunde eine Bemerkung über die abblätternde Farbe gemacht hatte, wandte sich Doris wieder an Pedro. Diesmal regte er sich noch mehr auf und wurde sogar ausfallend, indem er meinte, wenn etwas kaputt wäre, wäre es wahrscheinlich ihre eigene Schuld, und sie solle nicht erwarten, daß er das reparieren würde, was sie beschädigt hätte.

Doris beschloß, die Dinge nicht einfach auf sich beruhen zu lassen. Sie will ihre Wohnung neu gestrichen haben, und sie will auch in Zukunft mit ihrem Vermieter gut auskommen. Daher beschloß sie, bevor sie wieder mit Pedro redet, sich sorgfältiger vorzubereiten, um mit der überraschend emotionalen Reaktion, die sie bis dahin erhalten hatte, besser umzugehen und ihre Kommunikation zu verbessern.

## Kommunikation 1:

*Überdenken meiner Annahmen,*
*und worauf ich hören sollte*

**Verhandelnder:** *Doris*

**Gegenseite:** *Pedro*

**Gegenstand:** *Anstrich/Reparaturen*

---

Der erste Schritt im Umgang mit Ihren blinden Flecken besteht darin, sich ihrer bewußt zu werden. Listen Sie in der linken Spalte Ihre Annahmen über die Absichten und Einschätzungen der Gegenseite auf. Notieren Sie in der rechten Spalte Kernsätze, die sie sagen könnte und die Sie veranlassen sollten, Ihre Annahmen in Frage zu stellen.

---

| **Meine Annahmen** (Ich nehme an, daß ...) | **Worauf ich hören sollte** |
|---|---|
| *Pedros Einstellungen* <br> *– feindselig* <br> *– nicht bereit, Geld auszugeben* | *Fragen nach Umfang/Ort der Schäden* <br> *Fragen nach möglichen Kosten* <br> *Bitte, sich die Schäden anzusehen* |
| *Wie Pedro mich einschätzt* <br> *– Meint, ich gehe ihm auf den Wecker und will ihn ausnutzen* | *Ich weiß nicht* |
| *Will Pedro, daß ich ausziehe?* | *Frage nach meiner Bereitschaft, einen längerfristigen Vertrag zu unterschreiben* <br> *Fragen nach meinen Zukunftsplänen* <br> *Aussage, daß er die Wohnung nicht alle zwei Jahre neu streichen könne* |
| *Meint Pedro, er kann mit mir machen, was er will?* | *Frage, ob die Wohnung ansonsten in Ordnung ist? Bereitschaft, nach Optionen zu suchen* |

---

**Datum:**                                                    **Kommunikation 1**

## Kommunikation 2:

*Umformulieren, damit die
Gegenseite besser versteht*

**Verhandelnder:** *Doris*

**Gegenseite:** *Pedro*

**Gegenstand:** *Anstrich/Reparaturen*

| Meine Sichtweise | Wie könnte die Gegenseite sie auffassen? | Umformulierungen |
|---|---|---|
| (Listen Sie 3–5 Aussagen auf, die Sie machen könnten, um Ihre Interessen klar auszudrücken.) | (Notieren Sie für jede Aussage die mögliche Antwort der Gegenseite, z.B. »Ja, aber ...«) | (Formulieren Sie Ihre Aussagen so um, daß sie besser verstanden werden.) |
| 1. *Die abblätternde Farbe ist mir peinlich.* | *a. So schlimm ist es nicht.*<br>*b. Doris ist wahrscheinlich für die Schäden verantwortlich.* | 1. *Wohnung ist im allgemeinen sehr schön; aber Zustand einiger Räume ist ziemlich schlecht, wahrscheinlich durch Feuchtigkeit.* |
| 2. *Ich zahle eine hohe Miete.* | *a. Marktüblich*<br>*b. Ich werde davon nicht reich!* | 2. *Wohnung liegt im mittleren bis oberen Marktsegment; sollte dann nicht auch die Instandsetzung entsprechend sein?* |
| 3. *Ich wohne seit zwei Jahren hier und habe nicht viel verlangt.* | *a. Norm ist Anstrich alle fünf Jahre.*<br>*b. Ich bin ein guter Vermieter – ich habe alles in Ordnung gebracht, worum sie gebeten hat.* | 3. *Die übliche Praxis ist alle fünf Jahre bzw. bei Mieterwechsel. In diesem Fall sind es drei Jahre und ein Mieterwechsel und ungewöhnliche Winterfeuchtigkeit, die einige Räume über die normale Abnutzung hinaus beschädigt haben. Wie sollen wir das behandeln?* |
| 4. *Ich gab Ihnen eine Pause, als ich einzog, ohne darauf zu bestehen, daß Sie neu streichen.* | *a. Ein Neuanstrich war nicht nötig!* | 4. *Ich habe nie auf Formalitäten bestanden; wenn ein Anstrich nicht nötig war, war ich einverstanden. Aber jetzt meine ich, daß etwas gemacht werden muß.* |

**Datum:**                                     **Kommunikation 2**

Was wie eine relativ einfache Verhandlung über das Anstreichen einer Wohnung aussieht, ist aufgrund von Verständigungsschwierigkeiten zu einem komplizierten Fall geworden. Anstatt Pedro die Schuld an dem Kommunikationsproblem zu geben, konzentriert sich Doris zuerst auf das, was sie zur Verbesserung der Situation tun kann. In der linken Spalte des Fragebogens *Kommunikation 2: Umformulieren, damit die Gegenseite besser versteht* hat sie die Hauptpunkte aufgeschrieben, die sie Pedro sagen würde, warum er ihre Wohnung streichen und in Ordnung bringen sollte. In der mittleren Spalte hat sie das getan, was einem manchmal schwerfällt: Sie hat versucht, sich in Pedros Lage zu versetzen und sich vorzustellen, was er denken oder sagen könnte – nicht zu dem ganzen Problem, sondern zu jedem ihrer Punkte. Es sind lediglich Doris' Vermutungen über Pedros Gedanken, aber sie erlauben ihr schließlich, die ihr verfügbaren Informationen am besten zu nutzen und etwas besser zu verstehen, was Pedro denken könnte.

In der rechten Spalte entwickelt Doris ihre neue Kommunikationsstrategie. Mit etwas Gefühl dafür, wie Pedro auf ihre geplanten Äußerungen reagieren könnte, kann Doris nun ihre Punkte so umformulieren, daß Pedro sie leichter anhören kann, ohne emotional zu reagieren. Indem sie die Probleme anspricht, die Pedro für relevant hält, stellt Doris sicher, daß die Ablehnung ihrer Argumente schwieriger wird. Zum Beispiel, anstatt sich darüber zu beklagen, daß die abblätternde Farbe ihr peinlich ist – wodurch sie andeuten würde, daß Pedros Eigentum unterhalb des Standards oder ein Schandfleck ist –, erkennt sie an, daß die Wohnung im allgemeinen schön ist, daß aber etwas außerhalb ihrer Kontrolle (Feuchtigkeit) Probleme verursacht hat.

Und anstatt sich über die hohe Miete zu beschweren – worauf Pedros Antworten leicht vorhersehbar sind –, stellt Doris die Frage, was im »mittleren bis oberen Marktsegment« vernünftig ist.

Diese Art der Formulierung wird Pedro wahrscheinlich zum Denken statt zum Reagieren zwingen. Äußerungen oder Fragen, die mit Problemen beginnen oder sich auf sie beziehen, die die Leute interessieren, werden eher angehört, anstatt als Geschwätz abgetan zu werden. Äußerungen oder Fragen, auf die man nicht automatisch reagieren kann, verbessern die Qualität der Kommunikation und Entscheidungsfindung.

Um gut hören zu können, was die andere Seite sagt, müssen wir darüber nachdenken, was wir zu hören erwarten und was wir sonst noch anhören sollten. Um mit unseren blinden Flecken umzugehen, müssen wir uns unserer Annahmen bewußt sein.

Mit Hilfe des Fragebogens *Kommunikation 1: Überdenken meiner Annahmen, und worauf ich hören sollte* hat Doris erkannt, daß sie von Pedro erwartet, auf ihre Forderung ablehnend zu reagieren und nicht bereit zu sein, für ihre Wohnung Geld auszugeben. So hat er zumindest bei früheren Gelegenheiten reagiert. Sie nimmt an, daß er sie für schwierig hält und glaubt, sie wolle ihn ausnutzen.

Es fällt Doris schwer, sich andere Reaktionen Pedros vorzustellen. Aber als sie darüber nachdenkt, fällt ihr ein, daß er vielleicht andere Absichten andeutete, als er nach der Natur der Schäden fragte. Vielleicht will er sie sich anschauen und die Reparaturkosten abschätzen. Was Pedros Einschätzung ihrer Person betrifft, weiß Doris nichts zu schreiben – wie könnte Pedro reagieren, wenn er nicht denkt, sie will ihn ausnutzen?

# 8

## BEZIEHUNG

### Bin ich darauf vorbereitet, mich mit der Beziehung zu befassen?

Ein entscheidendes Element bei jeder Verhandlung – und eines, das häufig die größten Sorgen verursacht – ist die Qualität der Arbeitsbeziehung zur anderen Seite. Eine gute Arbeitsbeziehung versetzt uns in die Lage, mit Meinungsverschiedenheiten effizient umzugehen. Eine schlechte Arbeitsbeziehung kann eine Verhandlung scheitern lassen, sogar wenn, zumindest auf dem Papier, sich beide Parteien besser stünden, wenn sie sich geeinigt hätten. Wir müssen uns nicht mögen oder gemeinsame Wertvorstellungen oder Interessen haben. Aber solange wir verhandeln, sollten wir ein Verfahren benutzen, das uns ermöglicht, dieses Mal mit unseren Differenzen gut umzugehen, und das die nächste Verhandlung erleichtert.

Die Qualität der Beziehung ist nicht einfach gegeben. Sie ist das Produkt unseres Umgangs miteinander. Der gut vorbereitete Verhandlungspartner denkt darüber nach, wie beide Seiten miteinander umgehen *sollten,* und plant dann Schritte, die sie in diese Richtung führen. Um eine effektive Arbeitsbeziehung aufzubauen, sollten solche Schritte das gegenseitige Verstehen verbessern, Vertrauen und Respekt herbeiführen, zum gegenseitigen Überzeugen ermutigen (anstatt Druck auszuüben), helfen, Verstand und Gefühl im Gleichgewicht zu halten, und natürlich die Kommunikation verbessern.

# Übliche Fehler

## Beziehung und Sachfrage durcheinanderbringen

Einer der häufigsten – und menschlichsten – Fehler, die Verhandlungspartner gewöhnlich machen, besteht darin, die Menschen und das Problem in einen Topf zu werfen. Das heißt, wir neigen dazu, Beziehungsfragen – wie wir mit Meinungsverschiedenheiten, verletzten Gefühlen usw. umgehen – mit Sachfragen – Zahlen, Terminen, Begriffen und Bedingungen – zu vermischen. Wenn man bei der Vorbereitung auf eine Verhandlung zwischen beiden nicht unterscheidet, wird man wahrscheinlich versuchen, eine Beziehung durch Zugeständnisse in der Sache in Ordnung zu bringen und umgekehrt. Keines von beiden wird funktionieren. Ein Beziehungsproblem – zum Beispiel mangelndes Vertrauen oder fehlender Respekt – wird nicht dadurch beseitigt, daß man den Preis senkt oder den Bedingungen der anderen Seite in einer Sachfrage zustimmt. Im Gegenteil, es könnte sie lehren, daß sie sich nur verletzt oder mißtrauisch zu stellen braucht, um Zugeständnisse zu erhalten.

## Annehmen, daß die Beziehung etwas Gegebenes ist und Probleme »deren Schuld« sind

Vielleicht, weil man die ersten Jahre seines Lebens in Beziehungen verbringt, über die man wenig Kontrolle hat, behandeln viele Verhandlungspartner ihre Beziehung zu der anderen Seite als etwas, das »sich so ereignet«, als Produkt der Situation. Wenn sich die Beziehung verschlechtert, gibt man üblicherweise der anderen Seite die Schuld. In beiden Fällen könnte man annehmen, daß man wenig zur Verbesserung der Situation tun kann. Warum sich dann überhaupt vorbereiten? So zu denken erzeugt eine suggestiv wirkende Voraussage, und man hat tatsächlich geringe Kontrolle über die Qualität der Beziehung.

# Der gut vorbereitete Verhandlungspartner

*Bereiten Sie sich darauf vor, Beziehung und Sachfrage unabhängig voneinander zu behandeln*

Man kann nicht verletzte Gefühle mit Zugeständnissen in der Sache heilen, genausowenig, wie man einen Geldverlust durch eine Entschuldigung ausgleichen kann. Man sollte dies auch nicht versuchen. Wenn man Sach- und Beziehungsprobleme miteinander vermischt, untergräbt man sowohl die Beziehung – indem man sie behandelt, als ob sie zu verkaufen wäre, oder indem man zuläßt, daß sie als Geisel für eine Sachfrage gehalten wird – als auch die Fähigkeit, die Verhandlung sachbezogen zu führen.

Um Beziehungs- und Sachprobleme während einer Verhandlung getrennt zu halten und mit beiden gut umzugehen, muß man feststellen, was sachliche Themen oder Probleme und was Beziehungs- oder persönliche Probleme sind. Sachprobleme beziehen sich auf den *Inhalt* der Verhandlung – Preise, Begriffe, Bedingungen, Termine usw. Sie sind gewöhnlich solche Probleme, von denen man meint, sie sollten am Ende der Verhandlung gelöst sein. Beziehungsprobleme andererseits neigen dazu, die *Verhandlung selbst* zu beeinflussen. Man könnte daher glauben, man muß sie lösen, um eine Einigung über Sachprobleme zu erzielen. Ob das Management alle Krankenversicherungskosten der Beschäftigten übernimmt, ist ein Sachproblem. Die gegenseitigen Beleidigungen, die Gewerkschaft und Management in den Zeitungen äußern könnten, berühren die Beziehung. Beides getrennt zu halten wird Ihnen helfen sicherzustellen, daß Sie beide Problemarten ansprechen, ohne die eine gegen die andere auf eine Weise auszutauschen, die langfristig gesehen Ärger verursacht.

*Bereiten Sie sich darauf vor, vorbehaltlos konstruktive Schritte zur Verbesserung der Beziehung zu unternehmen*

Nachdem Sie die Sach- und Beziehungsprobleme identifiziert haben, müssen Sie überlegen, wie Sie mit ihnen umgehen. Für die Sachprobleme müssen Sie hinsichtlich Interessen, Optionen, Alternativen, Legitimität und Verpflichtungen gut vorbereitet sein. Für die Beziehungsprobleme müssen Sie über Schritte nachdenken, die Sie unternehmen können, die die Beziehung zu verbessern helfen, unabhängig davon, ob die andere Seite mitzieht. Diese Schritte sollten »vorbehaltlos konstruktiv« sein, d. h., Sie sollten das tun, was für Sie gut ist *und* was die Beziehung zu verbessern hilft, egal, ob die andere Seite sich revanchiert.

Durch die Entscheidung, »vorbehaltlos« zu sein, übernehmen wir Verantwortung und, in gewissem Umfang, die Kontrolle über die Qualität unserer Arbeitsbeziehung. Wir konzentrieren uns darauf, was *wir* zur Verbesserung der Beziehung tun können, anstatt uns machtlos zu fühlen, weil *sie* negativ sind. Indem wir uns »konstruktiv« verhalten, suchen wir die Beziehung auf eine solide Grundlage zu stellen. Diese Grundlage sollte unsere Interessen berücksichtigen und helfen, die Beziehung in eine Richtung zu lenken, die wir auch weiterhin wünschen. So geben wir nicht einfach um der Beziehung willen nach, sondern handeln, um die richtige Grundlage für die Verhandlung zu erhalten.* Die folgenden zwei Fragebogen werden Ihnen helfen, sich darauf vorzubereiten, wie Sie mit der Beziehung umgehen sollten.

---

\* Für weitere Informationen über die »vorbehaltlos konstruktive« Strategie zum Aufbau von Arbeitsbeziehungen vgl. Roger Fisher, Scott Brown: *Getting Together: Building Relationships as We Negotiate* (New York, Penguin, 1989), dt: *Gute Beziehungen. Die Kunst der Konfliktvermeidung, Konfliktlösung und Kooperation.* Campus, 2. Aufl. 1992.

## *Beziehung 1:*

*Trennung der menschlichen Probleme von den Sachproblemen*

**Verhandelnder:**
...........................................

**Gegenseite:**
...........................................

**Gegenstand:**
...........................................

---

**Beschreiben Sie Ihre Beziehung** (benutzen Sie Adjektive)

...........................................................................................................

...........................................................................................................

---

**Trennen Sie die Beziehung von den Sachfragen**

---

**Sachfragen und -probleme**
(Geld, Begriffe, Termine, Bedingungen)

**Beziehungsfragen und -probleme**
(Zuverlässigkeit, gegenseitige Anerkennung, Gefühle usw.)

..............................................        ..............................................

..............................................        ..............................................

..............................................        ..............................................

..............................................        ..............................................

---

**Auf Sachfragen bezogene Optionen und Lösungen**
(Schauen Sie evtl. in den Kapiteln über Interessen und Optionen nach)

**Möglichkeiten zur Verbesserung der Beziehung**
(Gehen Sie sicher, daß diese keine Zugeständnisse in Sachfragen sind)

..............................................        ..............................................

..............................................        ..............................................

..............................................        ..............................................

..............................................        ..............................................

..............................................        ..............................................

---

**Datum:**                                           **Beziehung 1**

## *Beziehung 2:*

*Vorbereitung auf den Aufbau
einer guten Arbeitsbeziehung*

Verhandelnder: ....................................................

Gegenseite: ....................................................

Gegenstand: ....................................................

---

**Was könnte gegenwärtig nicht in Ordnung sein?**

**Was kann ich tun, ...**

---

**Was könnte ein vorhandenes Mißverständnis verursacht haben?**

....................................................

....................................................

**um die Gegenseite besser zu verstehen?**

....................................................

....................................................

**Was könnte mangelndes Vertrauen verursacht haben?**

....................................................

....................................................

**um meine Zuverlässigkeit zu beweisen?**

....................................................

....................................................

**Was könnte die Ursache dafür sein, daß eine oder beide Seiten sich unter Druck gesetzt fühlen?**

....................................................

....................................................

**um eher zu überzeugen als Druck auszuüben?**

....................................................

....................................................

**Was könnte die Ursache dafür sein, daß eine oder beide Seiten sich nicht respektiert fühlen?**

....................................................

....................................................

**um Anerkennung und Respekt zu zeigen?**

....................................................

....................................................

**Was könnte die Ursache dafür sein, daß eine oder beide Seiten gekränkt sind?**

....................................................

....................................................

**um Gefühl und Verstand ins Gleichgewicht zu bringen?**

....................................................

....................................................

---

**Datum:**                                                **Beziehung 2**

# Ein Beispiel

Weil Kommunikation und Beziehung Elemente sind, die sich auf den Prozeß der Interaktion zwischen Verhandlungspartnern konzentrieren, werden wir in den Kapiteln über Kommunikation und Beziehung das gleiche Beispiel benutzen.

Doris hat seit ein paar Monaten Streit mit ihrem Vermieter Pedro. Sie möchte, daß er die Wohnung streicht und einige Schönheitsreparaturen durchführt, aber er weigert sich. Doris ist so unglücklich über die Situation, daß sie an Auszug denkt. Das wäre ihr gerade jetzt äußerst ungelegen, bei dem, was in der Firma und der Familie vor sich geht.

Doris wohnt seit etwa zwei Jahren in dieser Wohnung, die in fast jeder Hinsicht wunderbar ist – nette Nachbarn, günstige Lage, viel Platz. Doris war hocherfreut, als sie sie fand, und sie akzeptierte die für sie relativ hohe Miete, weil sie meinte, ein Heim, das sie wirklich mag, sei das wert. Weil Pedro die Wohnung ein Jahr vorher gestrichen hatte, hatte Doris nicht auf dem bei Mieterwechsel üblichen Neuanstrich bestanden; es war ihr auch lieber gewesen, die Wohnung sofort bei Freiwerden zu nehmen. Aber es ist jetzt zwei Jahre später, und einige Räume zeigen deutliche Spuren der Abnutzung. Doris mußte einige Bücherregale umstellen und Bilderrahmen umhängen, um Stellen mit abblätternder Farbe zu verdecken, wo offensichtlich Feuchtigkeit und Temperaturwechsel (das Gebäude scheint nicht gut isoliert zu sein, und die Fenster sind alt und etwas zugig) den größten Schaden angerichtet haben.

Als sie Pedro das erste Mal fragte, ob er die Wohnung streichen lassen würde, erteilte er ihr eine Abfuhr. Als sie einige Wochen später noch einmal fragte, regte er sich furchtbar auf und meinte, er wäre nicht aus Geld gemacht und Doris solle sich nicht so anstellen. Von der Reaktion ihres normalerweise angenehmen und höflichen Vermieters überrascht, gab Doris klein bei. Wenn sie früher Pedro gebeten hatte, kleinere Sachen in Ordnung zu bringen (einen Lichtschalter oder verstopften Abfluß), hatte er es tatsächlich ohne Diskussion erledigt. Aber sie war weiterhin über das Aussehen ihrer Wohnung unglücklich, und nachdem einer ihrer Freunde eine Bemerkung über die abblätternde Farbe gemacht hatte, wandte sich Doris wieder an Pedro. Diesmal regte er sich noch mehr auf und wurde sogar ausfallend, indem er meinte, wenn etwas kaputt wäre, wäre es wahrscheinlich ihre eigene Schuld, und sie solle nicht erwarten, daß er das reparieren würde, was sie beschädigt hätte.

Doris beschloß, die Dinge nicht einfach auf sich beruhen zu lassen. Sie will ihre Wohnung neu gestrichen haben, und sie will auch in Zukunft mit ihrem Vermieter gut auskommen. Daher beschloß sie, bevor sie wieder mit Pedro redet, sich sorgfältiger vorzubereiten, um mit der überraschend emotionalen Reaktion, die sie bis dahin erhalten hatte, besser umzugehen und ihre Kommunikation zu verbessern.

## Beziehung 1:

*Trennung der menschlichen Probleme von den Sachproblemen*

**Verhandelnder:** *Doris*

**Gegenseite:** *Pedro*

**Gegenstand:** *Anstrich/Reparatur*

---

**Beschreiben Sie Ihre Beziehung** (benutzen Sie Adjektive)

*Schwierig; reagiert emotionell auf dieses Problem*

---

**Trennen Sie die Beziehung von den Sachfragen**

| **Sachfragen und -probleme** (Geld, Begriffe, Termine, Bedingungen) | **Beziehungsfragen und -probleme** (Zuverlässigkeit, gegenseitige Anerkennung, Gefühle usw.) |
|---|---|
| *Kosten der Farbe* | *Schlechte Kommunikation* |
| *Arbeit* | *Persönlicher Angriff* |
| *Anzahl der Jahre zwischen Anstrichen* | *Schuldzuweisung* |
| *Höhe der Miete* | |

| **Auf Sachfragen bezogene Optionen und Lösungen** (Schauen Sie evtl. in den Kapiteln über Interessen und Optionen nach) | **Möglichkeiten zur Verbesserung der Beziehung** (Gehen Sie sicher, daß diese keine Zugeständnisse in Sachfragen sind) |
|---|---|
| *Nur Problembereiche streichen* | *Sich treffen und über andere Dinge reden. Auf Zukunft statt auf Vergangenheit konzentrieren* |
| *Jetzt streichen und längeren Mietvertrag unterschreiben (2–3 Jahre?)* | |
| *Fenster reparieren, die Schaden verursachten* | *Fragen stellen* |
| | *Zuhören und Rückmeldung geben* |
| *Kosten teilen* | *Pedro einladen, sich die Wohnung anzusehen, und ihn um Unterstützung bitten, die Ursache des Problems herauszufinden* |
| *Die Arbeit gemeinsam an einem Wochenende machen* | |

---

**Datum:**

**Beziehung 1**

## Beziehung 2:

*Vorbereitung auf den Aufbau
einer guten Arbeitsbeziehung*

**Verhandelnder:** *Doris*

**Gegenseite:** *Pedro*

**Gegenstand:** *Anstrich/Reparatur*

---

**Was könnte gegenwärtig nicht in Ordnung sein?**

**Was kann ich tun, ...**

---

**Was könnte ein vorhandenes Mißverständnis verursacht haben?**

**um die Gegenseite besser zu verstehen?**

*Meinungsverschiedenheit über
Ursachen des Problems
Nie in der Lage des anderen gewesen*

*Mehr Fragen stellen
Mit anderen Vermietern über typische
Sorgen sprechen*

**Was könnte mangelndes Vertrauen verursacht haben?**

**um meine Zuverlässigkeit zu beweisen?**

*Pedro in die Wohnung einladen, um
zu zeigen, daß sonst alles o.k. ist*

**Was könnte die Ursache dafür sein, daß eine oder beide Seiten sich unter Druck gesetzt fühlen?**

**um eher zu überzeugen als Druck auszuüben?**

*Erwähnung des Auszugs*

*Um Rat fragen, was ich mit abblätternder Farbe machen soll, bis
Pedro streicht*

**Was könnte die Ursache dafür sein, daß eine oder beide Seiten sich nicht respektiert fühlen?**

**um Anerkennung und Respekt zu zeigen?**

**Was könnte die Ursache dafür sein, daß eine oder beide Seiten gekränkt sind?**

**um Gefühl und Verstand ins Gleichgewicht zu bringen?**

*Defensive Reaktion*

*Ruhe bewahren
Probleme umformulieren*

---

**Datum:**

**Beziehung 2**

In diesem Fall verhandelt Doris direkt mit ihrem Vermieter Pedro. Beim Nachdenken über ihre Arbeitsbeziehung zu ihm hat sie festgestellt, daß die Schwierigkeiten hauptsächlich das Problem des Anstreichens betreffen. Sie ist darüber beunruhigt, wie die Art der Diskussion eine ansonsten herzliche Beziehung beeinflussen und es daher für sie schwierig machen könnte, in der Wohnung zu bleiben.

Wie so viele andere hat diese Diskussion sachliche Elemente (Geld, Zahlen, Termine, gesetzliche oder andere Normen usw.) und Elemente der Beziehung (Respekt, Vertrauen, Kommunikation usw.). Ihre Trennung, wie vom Fragebogen *Beziehung 1: Trennung der menschlichen Probleme von den Sachproblemen* verlangt, erlaubt es Doris, über sachliche Lösungen von Sachproblemen nachzudenken (zum Beispiel nur die problematischen Bereiche streichen oder die zugigen Fenster reparieren) und über beziehungsrelevante Lösungen von Beziehungsproblemen (zum Beispiel sich treffen, um über Möglichkeiten der Verbesserung der Kommunikation zu reden, oder Pedro um Hilfe bitten beim Herausfinden der Ursachen des Problems anstatt einem von ihnen die Schuld zu geben).

Nachdem Doris auf diese Weise die Probleme aussortiert hat, kann sie die Situation klarer sehen und es vermeiden, die Art, wie sie und Pedro miteinander und mit ihren Meinungsverschiedenheiten umgehen, mit dem zu vermischen, was sie derentwegen tun könnten.

Während des Durcharbeitens des Fragebogens *Beziehung 2: Vorbereitung auf den Aufbau einer guten Arbeitsbeziehung* erkennt Doris, wie sie möglicherweise zu der schwierigen Beziehung beigetragen hat – durch ihr mangelndes Verständnis für die Lage eines Vermieters, ihre Drohung auszuziehen oder durch ihre defensive Haltung, wenn Pedro ärgerlich wird. Obwohl sie nicht die Absicht hat, in der Sachfrage einfach nachzugeben, ist sie der Meinung, daß sie effektiver sein kann, wenn sie etwas unternimmt, um den Umgang mit Pedro *als Person* zu verbessern.

# 9

## VERPFLICHTUNG

### Welche Verpflichtungen sollte ich anstreben beziehungsweise eingehen?

Oft bereitet man sich auf eine Verhandlung vor, indem man über den Anfang nachdenkt. Geschickte Verhandler beginnen mit dem Nachdenken darüber, wo sie enden möchten. Das ermöglicht es ihnen, einen Weg dorthin festzulegen, und das Ziel nicht aus den Augen zu verlieren.

Mit dem Abschluß einer Verhandlung gehen die Parteien *Verpflichtungen* ein – Übereinkünfte darüber, was jede Seite tatsächlich tun wird. Damit eine Verhandlung als erfolgreich betrachtet werden kann, sollten diese Verpflichtungen eindeutig, gut geplant und dauerhaft sein.

Nur wenn die Verhandlungspartner eine klare Vorstellung davon haben, welche Art Verpflichtungen als Endprodukt jedes Meetings und der Verhandlung als Ganzem wünschenswert ist, können sie im voraus planen und gezielt handeln. Zu wissen, wohin man gelangen möchte, ist nicht das gleiche, wie sich auf eine Verhandlungsposition oder ein starres Limit festgelegt zu haben.

Ohne eine klare Vorstellung von der einzugehenden Verpflichtung sind Verhandlungen immer schwierig und unabsehbar. Aber das Verständnis, ob der Zweck der nächsten Besprechung im Erreichen eines endgültigen Abkommens besteht oder nur in der Erkundung möglicher Optionen, hat erheblichen Einfluß auf Inhalt und Art der Diskussion. Und wenn man weiß, daß in einem umsetzungsfähigen Abkommen neben dem Preis auch Liefer- und Zahlungstermine sowie ein Verfahren zur Qualitätskontrolle und zum Umgang mit den unvermeidbaren Meinungsverschiedenheiten festgelegt sein müssen, dann ist die Wahrscheinlichkeit größer, daß Sie, wenn Sie zu einem endgültigen Abschluß bereit sind, alle Bedingungen ausreichend diskutiert haben, die Erfolg oder Mißerfolg Ihrer Verhandlung bestimmen.

## Übliche Fehler

*Nicht wissen, wie »erledigt« aussieht*

Viele Verhandlungen beginnen damit, daß die Parteien ein oder zwei Probleme nennen, die sie lösen müssen – zum Beispiel Preis und Liefertermin. Im Laufe der Verhandlung entdecken sie (wenn sie Glück haben) eine Reihe weiterer Probleme, die bei Nichtbeachtung ihr Abkommen untergraben könnten – Lieferungsart, Versicherung, Qualitätssicherung, Zahlungstermine usw. Wenn die Verhandlungspartner nicht darüber diskutieren, wie sie einige dieser Probleme sowie unvorhergesehene Ereignisse, wie unvermeidbare Verzögerungen oder sogar die Notwendigkeit der Stornierung des Auftrags, angehen, wird jede Seite nur das tun, was sie für richtig hält. Die Folgen könnten eine beschädigte Beziehung und ein wenig dauerhaftes Abkommen sein.

*Annehmen, daß jeder weiß, worum es bei der Besprechung geht*

Ein anderer häufiger Vorbereitungsfehler besteht in der Annahme, daß jeder weiß, worum es in dem Meeting geht, und daß daher alle darin übereinstimmen, was erreicht werden sollte. Die übliche Annahme, eine Verhandlung sollte sich damit befassen, »wie mit diesem Problem umzugehen ist«, muß nicht bedeuten, daß alle der Meinung sind, das Ergebnis der Besprechung solle ein Aktionsplan sein. Für einige kann ein gutes Verhandlungsergebnis im Austausch von Informationen sowie in der Festlegung von Termin und Dauer des nächsten Meetings bestehen. Auch wenn es keine »richtige Antwort« dafür gibt, was das Ergebnis jeder Sitzung sein sollte, kann ein Vorwärtsstürmen ohne überprüfte Annahmen alle Beteiligten frustriert zurücklassen.

*Versäumnis, die für den Abschluß eines Abkommens
notwendigen Maßnahmen festzulegen*

Verhandlungspartner versäumen es manchmal, die Abfolge der für
den Abschluß eines umsetzungsfähigen Abkommens erforderlichen
Schritte gründlich zu durchdenken. Nur weil Sie die Autorität
haben, Ihre Seite zu verpflichten, und Sie mit jemandem eine Besprechung abhalten, der ebenfalls diese Kapazität zu besitzen
scheint, bedeutet das weder, daß das Meeting mit einem Abkommen
enden sollte, noch, falls Sie zu einem gelangen, daß es glatt (wenn
überhaupt) umgesetzt werden kann. Man vergißt oft, daß eine
»Entscheidung« nicht immer zu Aktionen führt wenn die dazu
notwendigen Schritte nicht durchdacht oder diejenigen, deren Zusammenarbeit erforderlich ist, nicht berücksichtigt oder befragt
wurden.

## Der gut vorbereitete Verhandlungspartner

*Planen Sie umsetzungsfähige Verpflichtungen voraus*

Auch ohne genau zu wissen, welchem Abkommen Sie und die Gegenseite zustimmen werden, sollten Sie eine relativ komplette Liste
der Themen aufstellen können, die nach Ihrer Erwartung in der
Verhandlung angesprochen werden müssen. Wenn man sich das
vollständige Abkommen als Buch vorstellt, wären die Themen die
Kapitelüberschriften. Welche sind die Fragen, für die Sie eine Antwort finden müssen, damit der Vertrag umsetzungsfähig ist? Wenn
Sie eine solche Liste vor der Verhandlung aufstellen können – die
natürlich modifiziert werden kann –, haben Sie eine Checkliste der
zu behandelnden Themen und die Möglichkeit, offene Fragen zu
diskutieren und zu klären.

Je komplexer die Verhandlung ist, desto weniger wollen Sie die
Details dem Zufall überlassen. Daher sollten Sie bei komplizierten
Geschäftsverhandlungen Ihre Themenliste nehmen und überlegen,
was wirklich notwendig sein wird, um das Abkommen – wie auch
immer es aussehen wird – umzusetzen. Insbesondere sollten Sie bei
jedem Thema darüber nachdenken, wer nicht nur formell, sondern
auch praktisch seine Zustimmung geben muß, daß etwas erledigt

wird, wann Sie Anzeichen zu sehen erwarten, daß das Abkommen umgesetzt wird, und wie Sie die erfolgreiche Umsetzung messen oder erkennen können.

Diese Art der Vorbereitung wird Ihren Verhandlungsprozeß effektiver machen und die Umsetzung von Verpflichtungen erleichtern.

*Klären Sie Zweck, Ergebnis und Ablauf*
*Ihrer Besprechungen*

Wenn Sie jemals in einer Besprechung gesessen haben und das Gefühl hatten, Sie verschwendeten Zeit, dann liegt der Grund höchstwahrscheinlich darin, daß die Teilnehmer nicht gut vorbereitet waren. Jeder kann eine Menge Informationen, Fähigkeiten und Interesse mitgebracht haben, aber wenn niemand vorher über den Zweck des Meetings nachgedacht und sich bemüht hat sicherzustellen, daß alle Teilnehmer diesen Zweck verstanden haben, dann war die Besprechung wahrscheinlich von Anfang an zum Scheitern verurteilt.

Wenn Sie sich auf eine Verhandlung vorbereiten, verwenden Sie vorher einige Zeit darauf, den Zweck der Besprechung zu klären: Warum kommen Sie zusammen? Wie werden Sie wissen, ob das Meeting erfolgreich war? Eine Möglichkeit, den Zweck klarer und greifbarer zu machen, besteht darin zu spezifizieren, welches Ergebnis Sie am Ende der Besprechung erwarten: ein Dokument, eine Entscheidung zu handeln, Fragen zum Nachdenken? Wenn Sie wissen, warum die Besprechung stattfindet und was Sie zu erreichen hoffen, können Sie ihren Ablauf effektiver planen: eine Tagesordnung aufstellen, Grundregeln festlegen sowie den erforderlichen Raum und die notwendigen Geräte bestimmen.

*Planen Sie den Weg*

Manche Verhandlungen benötigen nur eine einzige Besprechung, und die Verhandlungspartner können alle relevanten Entscheidungen treffen und Verpflichtungen vereinbaren. Andere, vor allem in der Geschäftswelt und der Politik, sind komplexer. Ein gutes Ergebnis zu erzielen erfordert nicht nur eine Reihe von Besprechungen, bei denen die Probleme diskutiert werden können, sondern auch Maßnahmen vor und nach jedem Meeting, um sicherzustellen, daß die notwendigen Informationen gesammelt, die richtigen Personen konsultiert und potentielle Schwierigkeiten erkundet werden.

Diese Abfolge von Maßnahmen – teils auf Ihrer Seite, teils auf der Gegenseite – zu organisieren erfordert eine Koordination und Kommunikation, die nur durch gute Vorbereitung zu erreichen sind.

Bei der Vorbereitung auf eine Verhandlung beziehungsweise auf mehrere Besprechungsrunden einer größeren Verhandlung ist es oft nützlich, einen einseitigen Entwurf eines möglichen Abkommens vorzubereiten. Er muß nicht vollständig sein, und er muß auch kein Vorschlag sein, den Sie der Gegenseite unterbreiten. Er wird jedoch klares Denken über die Art von Verpflichtungen stimulieren, die erwünscht sind und realistischerweise erwartet werden können.

Nehmen Sie sich auch die Zeit, nicht nur darüber nachzudenken, *was* in dem Vertrag enthalten sein muß, damit die Verpflichtung dauerhaft und umsetzbar ist, sondern auch darüber, *wie* Sie diese Verpflichtung erreichen und umsetzen können: Welche Schritte sind erforderlich? Wer muß zustimmen, damit man von einer Phase des Prozesses in die nächste übergehen kann? Wer wird dann die letzte Entscheidung treffen? Welche Art von Informationen, Hilfsmitteln, Personen oder Ressourcen sind notwendig, um die verschiedenen Aufgaben durchzuführen, einschließlich effektiver Kommunikation mit der anderen Seite und interessierten Außenstehenden, gemeinsamen Nachdenkens über mögliche kreative Lösungen, einer Untersuchung objektiver Standards für die Lösung schwieriger Probleme und Erkundung der Alternative, die Verhandlung zu verlassen?

Es ist oft nützlich zu versuchen, die verschiedenen Aktivitäten, die Gespräche oder Ereignisse, die für den Erfolg der Verhandlung notwendig sind, in einem Schaubild darzustellen und genauestens aufzulisten, was für jede Aktivität benötigt werden könnte. Wenn Sie für all dies einen realistischen Termin festlegen können, werden Sie wahrscheinlich eher die Komplexität der Verhandlung bewältigen und den Prozeß konstruktiv lenken können.

Benutzen Sie die folgenden Fragebogen für die Planung Ihrer Verpflichtungen.

## *Verpflichtung 1:*

*Festlegung der Themen des Abkommens*

**Verhandelnder:**
..............................................

**Gegenseite:**
..............................................

**Gegenstand:**
..............................................

---

**Allgemeiner Zweck der Verhandlung**

..................................................................................................

..................................................................................................

..................................................................................................

**Erwartetes Ergebnis der Verhandlung**
(Entwerfen Sie ein Inhaltsverzeichnis des Abkommens, das umsetzbar und von Dauer ist.)

..................................................................................................

..................................................................................................

..................................................................................................

**Spezifischer Zweck der nächsten Besprechung**

..................................................................................................

..................................................................................................

..................................................................................................

**Greifbares Ergebnis der nächsten Besprechung**
(Wenn Sie sich das Papier vorstellen können, das Sie während dieser Besprechung produzieren würden: was würde es enthalten?)

..................... Eine Liste mit Optionen zur weiteren Überlegung?

..................... Einen Aktionsplan für weitere notwendige Arbeit, bevor ein Abkommen möglich ist?

..................... Eine gemeinsame Empfehlung an Ihre jeweilige Organisation?

..................... Eine Übereinstimmung im grundsätzlichen?

..................... Einen unterzeichneten Vertrag?

..................... Verpflichtungen für die nächsten Schritte?

..................... Sonstiges ............................................................................

---

**Datum:**                                                                    **Verpflichtung 1**

## *Verpflichtung 2:*

*Planung der Schritte bis zum Abkommen*

**Verhandelnder:** ......................................

**Gegenseite:** ......................................

**Gegenstand:** ......................................

---

**Entscheidungsberechtigte: Namen der Personen, die das Abkommen unterzeichnen werden**

......................................................................................

......................................................................................

**Umsetzung: Informationen, die das Abkommen bezüglich der nächsten Schritte enthalten sollte**

Ausführende, die vielleicht vor dem endgültigen Abkommen konsultiert werden sollten

......................................................................................

......................................................................................

Mögliche Hindernisse für die Umsetzung

......................................................................................

......................................................................................

Möglichkeiten, die Hindernisse zu überwinden

......................................................................................

......................................................................................

......................................................................................

**Notwendige Schritte, um ein bindendes Abkommen zu erhalten**    **Angestrebter Termin**

1. Vorläufige Übereinkunft über einzubeziehende Probleme:    ....................

2. Klärung der Interessen bei jedem Problem:    ....................

3. Diskussion der Optionen zur Lösung der Probleme:    ....................

4. Mein Entwurf eines Rahmenabkommens:    ....................

5. Gemeinsamer Arbeitsentwurf des möglichen Abkommens:    ....................

6. Endversion zur Unterzeichnung bereit:    ....................

---

**Datum:**    **Verpflichtung 2**

# Ein Beispiel

Mark leitet das TrueLab-Verhandlungsteam bei den Diskussionen mit Advantage Software über ein mögliches Joint Venture, um True Labs Wissen und Erfahrung im Entwurf und der Herstellung von diagnostischen Laborgeräten mit der Software in künstlicher Intelligenz von Advantage zu kombinieren. Ihre Techniker glauben, daß eine solche Kombination ein völlig neues Expertensystem schaffen könnte, um den größten Teil der Routinearbeiten in medizinischen Labors zu automatisieren. Die Diskussionen ziehen sich bereits über fast sechs Monate hin, und Mark steht jetzt unter Druck seitens des Topmanagements, sie bald zu einem erfolgreichen Ende zu führen, bevor die potentielle Marktführerschaft dieses Joint Ventures über die Konkurrenz sich in Luft auflöst.

Mark ist der Meinung, daß es Zeit ist, die letzten Probleme zu lösen und zum Abschluß zu gelangen. Er hofft, daß sich die geplanten anderthalb Tage für Meetings am Firmensitz von Advantage in San José als ausreichend erweisen. Er möchte gerne mit einem ausgehandelten Vertrag zur TrueLab-Zentrale in Boston zurückkehren oder zumindest mit etwas, das definitiv und klar genug ist, daß es den Rechtsanwälten zur Ausarbeitung übergeben werden kann, ohne ihnen viel Raum zu lassen, das Abkommen neu zu verhandeln und alles zum Stillstand zu bringen.

Nach monatelangen Diskussionen, mit Input von den Technikern und Finanzfachleuten, haben die Verhandlungsteams ein ausbalanciertes Paket der ersten Beiträge jeder Seite zum Joint Venture ausgearbeitet (Patente, Personal, Marktkenntnisse und -präsenz, Zahlungen usw.). Mark und der Verhandlungsführer von Advantage scheinen der Meinung zu sein, daß dieses Paket die Interessen beider Seiten hinsichtlich der fairen Anerkennung der Beiträge und der gleichen Beteiligung an dem Unternehmen befriedigt. Sie sind auch zu einem grundlegenden Verständnis des Marktes gelangt, in dem es operieren würde, und haben mit Unterstützung von Beratern Vorstellungen über dessen Größe und Potential entwickelt. Die grundlegende Leitungsstruktur des Joint Venture ist festgelegt, aber das Managementteam muß noch bestimmt werden. Weitere offene Punkte auf Marks Liste sind: (1) Wie kann man vermeiden, daß die gesamte Geschäftstätigkeit des Unternehmens auf Kosten von

TrueLabs bestehenden Angeboten geht? (2) Wie sollen die bedeutenden Unterschiede in der Kultur der beiden Unternehmen behandelt werden? und (3) Wie soll das neue Unternehmen heißen?

Bevor Mark den Anruf seines Firmenchefs beantwortete, der gefragt hatte, ob er glaube, daß sie in dieser Woche alles unter Dach und Fach bringen würden, verwandte er einige Zeit für die Planung dieser nächsten (und, wie er hoffte, letzten) Verhandlungsrunde.

## Verpflichtung 1:

*Festlegung der Themen des Abkommens*

**Verhandelnder:** *Mark*

**Gegenseite:** *Advantage-Team*

**Gegenstand:** *Joint Venture*

---

### Allgemeiner Zweck der Verhandlung

*Ein Joint Venture mit Advantage Software vereinbaren*

### Erwartetes Ergebnis der Verhandlung
(Entwerfen Sie ein Inhaltsverzeichnis des Abkommens, das umsetzbar und von Dauer ist.)

*1. Name des Joint Ventures*
*2. Zweck des Joint Ventures,*
*   Definition und Grenzen der Geschäfts-*
*   tätigkeit*
*3. Beiträge jedes Partners*
*4. Joint-Venture-Struktur*
*   a) Eigenkapitalanteile*
*   b) Board ofDirectors*
*   c) Managementprozeß*

*5. Aktionsplan zur Integration*
*   a) Zeitplan*
*   b) Personal*
*   c) Standort*
*   d) Budget*
*   e) Aufbau der Beziehung*
*      zwischen Mitgliedern des*
*      neuen Teams*

### Spezifischer Zweck der nächsten Besprechung

*Offene Probleme lösen und Übereinkunft erreichen*

### Greifbares Ergebnis der nächsten Besprechung
(Wenn Sie sich das Papier vorstellen können, das Sie während dieser Besprechung produzieren würden: was würde es enthalten?)

.............. Eine Liste mit Optionen zur weiteren Überlegung?

.............. Einen Aktionsplan für weitere notwendige Arbeit, bevor ein Abkommen möglich ist?

.............. Eine gemeinsame Empfehlung an Ihre jeweilige Organisation?

.............. Eine Übereinstimmung im grundsätzlichen?

.............. Einen unterzeichneten Vertrag?

.............. Verpflichtungen für die nächsten Schritte?

✓............ Sonstiges  *ein Konditionenblatt* ............................................

---

**Datum:**                                                   **Verpflichtung 1**

## Verpflichtung 2:

*Planung der Schritte bis zum Abkommen*

**Verhandelnder:** *Mark*

**Gegenseite:** *Advantage-Team*

**Gegenstand:** *Joint Venture*

---

**Entscheidungsberechtigte: Namen der Personen, die das Abkommen unterzeichnen werden**

*CEO jedes Unternehmens*

**Umsetzung: Informationen, die das Abkommen bezüglich der nächsten Schritte enthalten sollte**

Ausführende, die vielleicht vor dem endgültigen Abkommen konsultiert werden sollten

*Entwicklung, Marketing, Forschung, Kunden*

Mögliche Hindernisse für die Umsetzung

*Widerstand von Kunden?*
*FDA-Vorschriften*

Möglichkeiten, die Hindernisse zu überwinden

*?*

| **Notwendige Schritte, um ein bindendes Abkommen zu erhalten** | **Angestrebter Termin** |
|---|---|
| 1. Vorläufige Übereinkunft über einzubeziehende Probleme: | *größtenteils erledigt* |
| 2. Klärung der Interessen bei jedem Problem: | *teilweise erledigt* |
| 3. Diskussion der Optionen zur Lösung der Probleme: | *teilweise erledigt* |
| 4. Mein Entwurf eines Rahmenabkommens: | *?* |
| 5. Gemeinsamer Arbeitsentwurf des möglichen Abkommens: | *?* |
| 6. Endversion zur Unterzeichnung bereit: | *?* |

---

**Datum:** **Verpflichtung 2**

Marks Ziele scheinen ziemlich klar zu sein: Er sollte das Verhandlungsteam leiten, um ein mögliches Joint Venture auszuloten, das TrueLabs Abteilung für Strategische Planung als für die Zukunft des Unternehmens wichtig identifiziert hatte und das beide Unternehmensleiter für sinnvoll hielten.

Für dieses nächste Meeting hat Mark ein besonderes Ziel im Auge: Abschluß der geschäftlichen Seite der Verhandlungen und Übergabe der ganzen Angelegenheit an die juristische Abteilung. Als er darüber nachdachte, welches greifbare Ergebnis diesem Ziel entspricht, schien ihm ein »Konditionenblatt« das zu sein, was er wollte: eine umfassende Liste aller wirtschaftlichen und technischen Konditionen, denen bei den Verhandlungen zugestimmt worden war und die nur noch in eine bindende Vertragssprache umgesetzt werden mußten.

Seine Gedanken über den Inhalt dieser Liste sind im mittleren Teil des Fragebogens *Verpflichtung 1: Festlegung der Themen des Abkommens* abzulesen. Über diese Punkte haben er und das Advantage-Team im wesentlichen bei den letzten Besprechungen diskutiert. Mark ist mit der Art der Lösung der Mehrzahl dieser Probleme ziemlich zufrieden, und es gibt nur noch ein paar offene Fragen.

Der letzte Teil der sorgfältigen Planung dieses Meetings besteht im Nachdenken darüber, ob ein Vertrag, der alle Punkte in seinem Inhaltsverzeichnis abdeckt, operational – d. h. leicht umsetzbar, mit eindeutiger Verteilung der Verantwortlichkeiten, definiertem Zeitrahmen und sichtbaren Meilensteinen des Fortschritts – und dauerhaft sein würde und ob er Meinungsverschiedenheiten bezüglich der Annahmen sowie unvorhergesehene Ereignisse überstehen könnte.

Für diesen Schritt wandte er sich dem Fragebogen *Verpflichtung 2: Planung der Schritte bis zum Abkommen* zu.

Beim Nachdenken über diese Fragen fielen Mark einige Punkte ein: Erstens, bei TrueLab würde die letzte Entscheidung vom CEO getroffen, und er nahm an, daß das auch für Advantage zutrifft. Daher könnte ein unterzeichnetes Konditionenblatt nicht möglich sein; bestenfalls könnte er etwas zurückbringen, dem die beiden Verhandlungsteams zugestimmt haben und das sie ihren Firmenleitern empfehlen würden. Zweitens, bei der Bedeutung der Kooperation anderer Abteilungen sollte er sich wahrscheinlich vor seinem Abflug nach San José mit ihnen zusammensetzen. Drittens stellte er fest, daß weder er noch die Gegenseite bisher darüber diskutiert haben, wie sie mit potentiellen Hindernissen umgehen sollen, wie Kundenwiderstand oder durch Vorschriften verursachte Verzögerungen, die Einfluß darauf haben, wie schnell sie auf den Markt kommen können. Obwohl dies Probleme sind, mit denen sich das Management des Joint Ventures herumschlagen könnte, könnte der Umstand, sie nicht vorher diskutiert zu haben, später zu Schuldzuweisungen führen. Eine vorherige Diskussion könnte den Partnern helfen herauszufinden, ob sie etwas unternehmen können, um die potentiellen Probleme vorher zu minimieren. (Falls nicht, könnte das ganze Unternehmen von Anfang an zum Scheitern verurteilt sein!)

Beim Nachdenken über diese Fragen erkannte Mark, daß er noch eine Menge zu tun hatte, bevor er seinem CEO versprechen konnte, die Verhandlung nächste Woche zum Abschluß zu bringen. Er rief zuerst seinen Kollegen bei Advantage an, um seine Überlegungen bezüglich Problemen, die noch beachtet werden mußten, mit ihm zu besprechen und einen Zeitplan für ihre Lösung zu diskutieren.

# Übergang von der Vorbereitung zum Verhandeln

# 10

## VORBEREITUNG AUF DEN ABSCHLUSS EINES ABKOMMENS

In den vorigen Kapiteln haben wir Vorschläge gemacht, warum bestimmte Vorbereitungsschritte für Sie nützlich sein könnten und wie Sie die Informationen, die Sie in den Fragebogen sammeln, zum effektiveren Verhandeln nutzen könnten. Und doch können wir uns vorstellen, daß noch Zweifel bestehen, wie Sie weiter vorgehen und was Sie als nächstes tun sollen.

Ein nützlicher Beginn wäre, *Das Harvard-Konzept* noch einmal zu lesen. Die Ratschläge in diesem Buch sollten Ihnen helfen, sich klarer vorzustellen, was Sie in Ihren Verhandlungen sagen oder tun könnten. Dieses Arbeitsbuch soll Ihnen helfen, die Ratschläge in *Das Harvard-Konzept* zu befolgen.

Wenn Sie versuchen, die Ergebnisse Ihrer Vorbereitung zusammenzutragen und Ihre Gedanken darüber zu sammeln, wo und wie Sie beginnen sollen, dann empfehlen wir Ihnen, sich dem ersten Teil der Verhandlung so zu nähern, als ob er nur eine andere Art der Vorbereitung wäre. Ihren nächsten Schritt sollten Sie daher als gemeinsame *Vorbereitung auf das Abkommen* betrachten, anstatt als *Vorbereitung auf das Verhandeln,* die Sie alleine für sich durchführen.

Was ist damit gemeint? Wie bereitet man sich gemeinsam mit der anderen Seite vor? Was ist mit vertraulichen Informationen? Es gibt keine magische Formel, die Ihnen garantiert, daß Ihre Verhandlung einen guten Anfang nimmt und Sie immer »das Richtige« sagen. Dennoch glauben wir, daß die Geisteshaltung, die Sie in die Verhandlung mitbringen, und die Art der Aktivitäten, die Sie und die Gegenseite in den ersten Phasen der Verhandlung durchführen, einen gewaltigen Einfluß auf die Ergebnisse haben werden, die Sie erzielen können. Wir empfehlen daher, daß Sie über die Fragebogen, die Sie ausgefüllt haben, nachdenken und sich vor der Verhandlung fragen: Über welche Art von Problemen oder Informationen nachzudenken haben mich diese Fragebogen veranlaßt? Versuchen Sie dann ein Gespräch mit der Gegenseite über die gleiche Art von Problemen oder Informationen zu führen.

Die Fragebogen in *Kapitel 3* handelten zum Beispiel von Ihren Interessen und denen der Gegenseite. Sie veranlaßten Sie auch zum Nachdenken darüber, wer sonst noch an den Ergebnissen der Verhandlung interessiert sein könnte. Um sich auf das *Verhandeln* vorzubereiten, mußten Sie Ihre eigenen Interessen verstehen und über die der Gegenseite fundierte Vermutungen anstellen. Um sich auf das *Abkommen* vorzubereiten, müssen Sie und die Gegenseite die beiderseitigen Interessen verstehen, und Sie müssen sie ausreichend untersucht haben, um die grundlegenderen Dinge zu entdecken, die jeder von Ihnen zu erreichen sucht. Zu Beginn der Verhandlung sollten Sie mit der Gegenseite Ihre Gedanken über die relevanten Parteien und die möglichen Interessen beider Seiten besprechen.

Die Fragebogen in *Kapitel 4* handelten von möglichen Optionen und Bestandteilen von Abkommen. Um auf die Verhandlung vorbereitet zu sein, mußten Sie versuchen, sich mögliche Abkommen auszudenken, die Ihre Interessen befriedigen. Die Fragebogen ermunterten Sie auch, kreativ zu sein und nach Wegen der Zusammenarbeit zu suchen, um den Kuchen zu vergrößern. Wenn Sie sich aber auf das Abkommen selbst vorbereiten, müssen Sie und die Gegenseite mehr tun: gemeinsam Möglichkeiten zur Befriedigung der Interessen beider Seiten und zur Kombination der Fähigkeiten und Ressourcen herausfinden, um den Nutzen für beide Seiten zu vergrößern.

Jedoch nicht jeder Vorbereitungsschritt ist zur gemeinsamen Durchführung geeignet. Sie müssen über den Zweck jeder Aktivität nachdenken. Als wir in *Kapitel 5* die Alternativen diskutierten, empfahlen wir unter anderem, Sie sollten, um gut vorbereitet zu sein, wissen, was Sie tun werden, wenn keine Einigung zustande kommt. Dieses Wissen kann manchmal helfen, Limits der Verhandlung festzulegen. Wenn beide Seiten wissen, was jede tun kann, falls sie sich nicht einigen, dann wissen sie, daß sie etwas finden müssen, das besser ist als ihre Alternative. Aber wenn Sie in eine Verhandlung gehen und erhebliche Zeit auf die Diskussion verwenden, was

Sie tun werden, wenn keine Einigung erzielt wird, könnte sich die Gegenseite bedroht oder angegriffen fühlen. Wenn andererseits Ihre beste Alternative nicht gut ist, könnte ihre Enthüllung dazu führen, daß Sie sich exponiert fühlen.

Die objektiven Kriterien und anderen Standards oder Überzeugungsmethoden, die Sie in *Kapitel 6* vorbereitet haben, eignen sich für eine offene Debatte mit der anderen Seite. Sie könnten ihr den ausgefüllten Fragebogen zeigen. Anstatt jeden möglichen Standard, den Sie sich ausgedacht haben, zu diskutieren, sollten Sie das Schwergewicht auf jene Standards legen, die überzeugend scheinen und für Sie relativ günstig sind. Auf jeden Fall sollte eine Diskussion über mögliche Standards ein wesentlicher Bestandteil Ihrer gemeinsamen Vorbereitung auf eine Übereinkunft darstellen.

In den *Kapiteln 7 und 8,* in denen Kommunikation und Beziehung behandelt wurden, haben wir festgestellt, daß diese nicht einfach gegeben sind; sie erfordern Vorbereitung und Mühe. Wenn Sie die Fragebogen zuerst allein benutzen und dann zusammen mit der anderen Seite über sie nachdenken, können Sie sich auf die Übereinkunft und Zusammenarbeit vorbereiten, um das umzusetzen, was immer Ihr Abkommen beinhaltet.

Schließlich erfordert eine umsetzbare Verpflichtung die Zustimmung beider Seiten, bestimmte Dinge zu tun, und ihre Überzeugung, daß alle relevanten Probleme angesprochen wurden. Daher sollte der Prozeß der Vorbereitung auf das Abkommen eine Diskussion über die Themen in *Kapitel 9* einschließen. Die Fragebogen in diesem Kapitel könnten sogar als geeigneter Ausgangspunkt für eine gemeinsame Vorbereitung dienen.

Wenn Sie einige der Fragebogen in den vorigen Kapiteln ausgefüllt haben, haben Sie einen bedeutenden Schritt getan, ein besseres Ergebnis bei Ihren Verhandlungen zu erzielen. Jetzt sollten Sie die Früchte Ihrer Bemühungen einsetzen, um Ihnen und der Gegenseite zu helfen, sich auf das Abkommen vorzubereiten.

# ANHANG A

## IN DER VORBEREITUNG BESSER WERDEN

Wir alle führen ein zunehmend geschäftiges und hektisches Leben. Bei Gesprächen mit Leuten über ihre Verhandlungen am Arbeitsplatz, zu Hause oder anderswo hören wir sehr oft, daß sie kaum Zeit haben, das zu tun, was sie gerade tun – wie können sie dann zusätzliche Zeit finden, um sich sorgfältig und systematisch vorzubereiten? Gleichzeitig hören wir, daß sie häufig in wichtige Verhandlungen gehen und sich nicht angemessen oder ausreichend vorbereitet fühlen.

Bei der Diskussion über die Idee, für eine effektive und effiziente Vorbereitung Fragebogen zu benutzen, hörten wir bestimmte Kommentare immer wieder: »Das ist toll, ich könnte wirklich etwas gebrauchen, das mich anleitet, um mich auf eine schwierige Verhandlung vorzubereiten.« Und ein anderer lautete: »Erwähnen Sie auch ein paar Ideen, wie man mit der Zeit besser wird, ohne jedesmal das Arbeitsbuch Schritt für Schritt durcharbeiten zu müssen.« Diesem letzten Punkt wollen wir uns jetzt zuwenden.

### Warum wird man in der Vorbereitung auf Verhandlungen nicht besser?

Im Hinblick auf die Vorbereitung auf Verhandlungen gibt es viele mögliche Ursachen für das Gefühl, immer zu sehr in Eile zu sein, um etwas richtig zu tun. Einige von ihnen haben unserer Meinung nach einen sehr großen Einfluß.

*Wir lernen nicht aus der Erfahrung*

Die Vorbereitung auf eine Verhandlung ist wie jede andere Aktivität, deren sich eine Person wiederholt widmet. Erfahrung ist der beste Lehrer, und doch nutzen viele diese Gelegenheit nicht. Jedesmal, wenn Sie verhandeln, haben Sie die Möglichkeit, etwas darüber zu lernen, wie gut Sie vorbereitet waren und wie Sie sich weiter verbessern können. Diese Gelegenheit zu verpassen bedeutet, eine der besten und preiswertesten Fortbildungsarten, die Ihnen zur Verfügung stehen, nicht zu nutzen.

*Wir üben nicht*

Vielleicht liegt es an der Zeit, die man dafür braucht, oder an dem fehlenden Material, mit dem man üben könnte. Aber Tatsache ist, daß nur wenige Verhandlungspartner sich die Mühe machen zu überlegen, wie sie sich vorbereiten könnten, ausgenommen, wenn ihnen eine wichtige Verhandlung bevorsteht. Stellen Sie sich einen Tennisspieler vor, der nur bei Turnieren spielt und nie trainiert, oder einen Musiker, der nur Konzerte aufführt, aber nie übt. Wenn wir uns bei eigenen Fällen, an denen wir persönlich und emotional beteiligt sind, genauso verhalten, versäumen wir die Gelegenheiten zum Lernen und zur Entwicklung der Fähigkeiten, die das mit geringem Risiko verbundene Üben bietet.

*Wir lernen und bereiten uns alleine vor*

Man kann viel lernen, wenn man alleine über seine Erfahrungen nachdenkt. Man kann zwar sorgfältig analysieren, wie gut etwas funktioniert hat, aber wenn man keine andere Person einbezieht, die unsere Einschätzungen überprüft, verzichtet man auf das Lernen wichtiger Lektionen, die einem helfen, schneller besser zu werden.

# Einige Ratschläge, um besser zu werden

Es gibt ein paar einfache Dinge, die Sie tun können, wenn Sie das Material in diesem Arbeitsbuch oder aus anderen verfügbaren Quellen benutzen, das Ihnen helfen kann, im Laufe der Zeit in der Vorbereitung auf eine Verhandlung besser zu werden.

*Rückblick*

Überprüfen Sie nach jeder Verhandlung Ihr Vorgehen. Ihr Rückblick braucht nicht viel Zeit in Anspruch zu nehmen, wenn Sie ihn so strukturieren, daß er effektiv ist. Nach unserer Erfahrung ist es äußerst hilfreich, mit dem erfolgreichen Teil zu beginnen: »Was hat funktioniert?«, oder anders gefragt: »Was würden Sie bei der nächsten Verhandlung genauso machen?« Gehen Sie rückwärts von der Verhandlung zur Vorbereitung und überlegen Sie: »Welche Vorbereitungsarbeiten habe ich gemacht, die mir bei der Verhandlung geholfen haben?« Die Antworten auf diese Fragen sollten als praktische Anleitung für die Entwicklung von Vorbereitungsroutinen dienen.

Wenden Sie sich dann den Bereichen zu, in denen Sie sich verbessern könnten. Fragen Sie sich: »Was würde ich anders machen?« Wenn Sie darüber nachdenken, was Sie aus dieser Verhandlung gelernt haben, was Sie in die Lage versetzen könnte, es in Zukunft besser zu machen, überlegen Sie: »Welche Vorbereitungsarbeiten habe ich gemacht, die Zeitverschwendung waren?« und »Welche zusätzliche Vorbereitung hätte geholfen?« Wenn Ihre Schlußfolgerungen aus diesem Rückblick derart sind, daß Sie verschiedenes ganz anders gemacht hätten, dann überlegen Sie, welche zusätzliche oder andersgeartete Vorbereitung Sie benötigen würden, um nach Ihren eigenen Empfehlungen handeln zu können.

Eine Gelegenheit, um mit dem Lernen, wie man einen Rückblick durchführt, zu beginnen, ist auf den nächsten Seiten gegeben.

Wir haben je einen kompletten Satz ausgefüllter Fragebogen für drei der im Text dargestellten Beispiele zusammengestellt. Während wir in jedem Kapitel nur ein Modell zum Ausfüllen der Fragebogen für das in dem jeweiligen Kapitel behandelte Thema aufgenommen haben, sind in diesem Anhang auch die anderen ausgefüllten Fragebogen für die drei Beispiele enthalten.

Verwenden Sie einige Zeit darauf, diese aufschlußreichen Vorbereitungen durchzugehen. Beachten Sie, daß jeder Fragebogen zusätzliche Informationen bietet und die Sichtweise verbessert, wie Sie den Fall behandeln könnten.

Überlegen Sie dann bei der Analyse dieser Situationen, was Sie vielleicht anders gemacht hätten. Die ausgefüllten Fragebogen sind keine »Lösungsschlüssel« oder perfekten Modelle. Sie sind nur Illustrationen, die Ihnen eine Gelegenheit geben zu lernen, indem Sie prüfen, wie Sie sie überarbeiten würden.

*Übung*

Warten Sie nicht, bis Ihr Arbeitsplatz, ein großes Geschäft oder eine wichtige Beziehung zur Debatte stehen. Suchen Sie nach Gelegenheiten, Ihre Fähigkeiten in der Verhandlungsvorbereitung zu üben. Das Material in diesem Arbeitsbuch sollte Ihnen ausreichend Möglichkeiten dazu bieten.

Neben den drei Beispielen, für die alle ausgefüllten Fragebogen vorhanden sind, gibt es noch drei weitere Beispiele, für die wir nur die Fragebogen für jeweils ein Element ausgefüllt haben. Diese finden sich in den Kapiteln 3 bis 9, die die Elemente beschreiben. Sie können einen dieser Fälle herausgreifen und zur Übung die restlichen Fragebogen ausfüllen. Falls die Beispiele Ihnen nicht detailliert genug scheinen oder Sie es interessanter finden, an etwas »Realistischerem« zu arbeiten, dann suchen Sie eine Situation aus der Zeitung oder Ihrer alltäglichen Erfahrung.

Versetzen Sie sich an die Stelle einer der Parteien und versuchen Sie, verhandlungsbereit zu werden. Benutzen Sie so viele Fragebogen, wie Sie für angemessen halten, und füllen Sie sie zur Übung aus.

*Holen Sie sich Hilfe von einem Kollegen*

Es ist nicht notwendig, dies alleine zu tun. Reden Sie mit einem Freund oder Kollegen, der auch daran interessiert sein könnte, mehr über das Verhandeln und die Vorbereitung darauf zu lernen.

Helfen Sie sich gegenseitig, aus Ihren Erfahrungen zu lernen. Der Rückblick und das Üben sind einfacher, wenn Sie es mit jemand anderem tun, der Ihnen helfen kann, etwas zu sehen, das Sie vielleicht nicht erkennen.

# Ein Beispiel

Ken ist Produktmanager bei »Saneway«, einem großen Supermarkt, der zu einer nationalen Kette gehört. Nach einigen von seiner Firma angebotenen Managementkursen und fünf Jahren Tätigkeit im Supermarkt soll er zum stellvertretenden Filialleiter befördert werden. Er ist im Begriff, um sein neues Gehalt und die Bedingungen seiner neuen Stellung zu verhandeln.

Ken möchte diese Stellung erhalten, weil sie besser bezahlt wird und größere Verantwortung mit ihr verbunden ist. Er möchte eine Gehaltserhöhung von mindestens fünftausend Dollar; erstens, weil er das Geld braucht, zweitens, weil er meint, die Stelle als stellvertretender Filialleiter bringe mehr Arbeit, Verantwortung und Kopfschmerzen mit sich, so daß sie höher bezahlt werden sollte, drittens, weil er gehört hat, daß Wayne, der die Stelle vor der Versetzung zu einer anderen Filiale innehatte, fünftausend Dollar mehr erhielt, als Ken jetzt bekommt, und viertens glaubt er, daß er die Erhöhung verdient.

Ken ist 28 Jahre alt und hat den Bachelor-Abschluß in englischer Literatur. Er war immer daran interessiert gewesen, zur Universität zu gehen und einen Master-Abschluß zu bekommen (obwohl er noch unsicher ist, in welchem Fach). Geldmangel hatte eine Universitätsausbildung verhindert. Seine einzige Finanzquelle ist sein Verdienst bei Saneway, und weitere Kredite aufnehmen will er nicht und kann er sich nicht leisten. Ken wohnt mit seiner dicken Katze Margo in einem bescheidenen, aber angenehmen Studio-Apartment. Die Wohnung ist mindestens 45 Minuten Fahrzeit mit dem Auto von dem Supermarkt entfernt, in dem er jetzt arbeitet, und es gibt kein leicht erreichbares öffentliches Verkehrsmittel. Vor kurzem hat er seinen ramponierten Volkswagen-Käfer für einen neuen Toyota-Pick-up in Zahlung gegeben.

## Interessen 1:

Feststellung der relevanten
Parteien

**Verhandelnder:** *Ken*

**Gegenseite:** *Lou*

**Gegenstand:** *Beförderung*

---

Tragen Sie die Namen der Personen oder Gruppen ein, die an dieser Verhandlung beteiligt sind. Setzen Sie sich als »Verhandelnden« ein und die Person, mit der Sie es direkt zu tun haben, als »Gegenseite«. Tragen Sie unten die Namen anderer Personen/Gruppen ein, die von dem Ergebnis der Verhandlung erheblich betroffen sein könnten.

---

| Personen auf »meiner Seite«, die an dem Ergebnis interessiert sein könnten. | Personen auf der »Gegenseite«, die an dem Ergebnis interessiert sein könnten. |
|---|---|
| **Interessengruppen?** | **Interessengruppen?** *Kunden* |
| **Freunde?** *Meine Freundin Jessie* | **Freunde?** *Arbeitskollegen* |
| **Familie?** | **Familie?** |
| **Chef?** | **Chef?** *Regionalleiter* |
| **Sonstige?** *Meine Katze Margo* | **Sonstige?** *Lieferanten* |
| | *Saneway Corporation* |

---

**Datum:**                                                                   **Interessen 1**

## Interessen 2:

*Klärung der Interessen*

**Verhandelnder:** *Ken*

**Gegenseite:** *Lou*

**Gegenstand:** *Beförderung*

| **Meine** | **Der Gegenseite** | **Von anderen** |
|---|---|---|
| Was interessiert mich? | Wenn ich an ihrer Stelle wäre: Was würde mich interessieren oder mir Sorgen machen? | Was sind die Anliegen anderer, die erheblich betroffen sein könnten? |

**Persönlich**
*Kurzfristig*
1. ~~5000 Dollar~~
   nicht hereingelegt zu werden
2. genug Geld für Miete, Katzenfutter, Tierarzt, Raten für das Auto usw.
3. Urlaub
4. Krankenversicherung
*Langfristig*
1. Gelegenheit zur Entwicklung
2. weitere Ausbildung

**Geschäftlich**
*Kurzfristig*
1. Beförderung zum stellv. Filialleiter
2. Respekt seitens Arbeitgeber, Kollegen und Untergebenen
3. einen Präzedenzfall schaffen
4. Anreize und Bonusse
*Langfristig*
1. eventuell Versetzung zu näher gelegenem Supermarkt
2. Beförderung zum Filialleiter

**Persönlich**
1. daß ich gut dastehe
2. daß ich als fair angesehen werde

**Geschäftlich**
*Kurzfristig*
1. niedrigstes Gehalt zahlen (worum er sich wirklich Sorgen macht, ist der Gewinn)
2. wir brauchen jemanden, der flexibel ist / der sich an ändernde Umwelt / Politik anpassen kann
3. die Kunden zufriedenstellen
4. stellv. Filialleiter muß:
   a) genaue Absatzprognosen und Gehaltsvorhersagen machen
   b) Memos an Distrikt- und Abteilungsleiter schreiben
*Langfristig*
1. Beziehung zu Lieferanten
2. Gewinn
3. Präzedenzfall
4. einen loyalen u. engagierten Mitarbeiter aufbauen

**Andere 1:**
*Andere Mitarbeiter*
– ein guter, fairer und konsequenter Manager
– gute Arbeitsbeziehung
– Ken soll nicht mehr bekommen, als ihm zusteht

**Andere 2:**
*Kunden*
– niedrigste Preise
– frische Produkte
– Qualitätslebensmittel
– schnelle und freundliche Bedienung
– Laden sieht nett und sauber aus

**Andere 3:**
*Lieferanten*
– langfristige Beziehung
– Displayplatz zur Verfügung
– möglichst viel zum höchsten Preis verkaufen
– konstante Belieferung

**Datum:**

**Interessen 2**

## Interessen 3:

### Suche nach tiefer liegenden Interessen

**Verhandelnder:** Ken

**Gegenseite:** Lou

**Gegenstand:** Beförderung

Listen Sie in der linken Spalte die wichtigeren Interessen von Ihnen und der Gegenseite auf, die Sie auf dem Blatt **Interessen 2** identifiziert haben. Fragen Sie sich jedesmal »warum?« und »zu welchem Zweck?« Wenn Sie tiefer liegende Interessen entdecken, schreiben Sie sie in die mittlere Spalte. Versuchen Sie dann, Ihre Interessen zu bewerten, indem Sie entsprechend deren relativer Bedeutung 100 Punkte vergeben.

| Wichtige Interessen (aus **Interessen 2**) | Grundlegende bzw. tiefer liegende Interessen (Fragen Sie sich »warum?« und »zu welchem Zweck?«) | Relative Bedeutung (Vergeben Sie 100 Punkte) |
|---|---|---|
| **Meine** | | |
| Geld für den Lebensunterhalt | 1. Essen, Wohnung, Katze | 30 |
| | 2. Faire Vergütung | 10 |
| Beförderung zum stellv. Filialleiter | 3. Höherer Status | 10 |
| | 4. Herausforderung und Entwicklung | 20 |
| Zukünftige Aufstiegsmöglichkeiten | 5. Gefühl, nicht in einer Sackgasse zu stecken | 20 |
| Zusatzleistungen (Urlaub, Krankenversicherung usw.) | 6. Innere Ruhe | 5 |
| | 7. Gefühl, gut behandelt zu werden | 5 |
| **Der Gegenseite** | | |
| Niedrigstmögliches Gehalt zahlen | 1. Ertragsstarke Filiale | |
| Guter stellv. Filialleiter | 2. Jemand, an den man delegieren kann | |
| | 3. Genaue Absatzprognosen | |
| | 4. Jemand, der sich um die Berichte an die Zentrale kümmert | |
| | 5. Jemand, der flexibel ist | |
| Zufriedene Kunden | 6. Ununterbrochener Absatz | |
| | 7. Guter Ruf | |

**Datum:**

**Interessen 3**

## Optionen 1:

Entwicklung von Optionen zur
Befriedigung der Interessen beider Seiten

**Verhandelnder:** *Ken*

**Gegenseite:** *Lou*

**Gegenstand:** *Beförderung*

Schauen Sie Ihren Fragebogen **Interessen 3** an und listen Sie die Möglichkeiten auf, die Interessen beider Seiten zu befriedigen. (Schreiben Sie die Interessen in der Reihenfolge ihrer relativen Bedeutung auf.)

| Meine Interessen | Mögliche Optionen | Interessen der Gegenseite |
| --- | --- | --- |
| *Geld für Lebenshaltung* | *Gehaltserhöhung* | *Niedrigstmögliches Gehalt zahlen* |
| | *Rabatt auf Waren* | |
| | *Zulagen* | *2. Qualität* |
| | *Wartung meines Autos in Firmenwerkstatt* | *3. Zuverlässigkeit* |
| *Höherer Status* | *Jetzt Beförderung zum stellvertretenden Filialleiter mit Karriereplanung* | *Einen verantwortungsbewußten stellv. Filialleiter bekommen, an den Lou Aufgaben delegieren kann* |
| *Zukünftige Aufstiegsmöglichkeiten* | *Rotation durch andere Abteilungen, um Erfahrungen zu sammeln* | *Zufriedene Kunden* |
| | *Gelegenheit, in Marketingabteilung des Unternehmens zu arbeiten* | |
| | *Zuständigkeit für Zulieferer* | |
| | *Zeit einräumen, um Kunden zu befragen, was sie am meisten interessiert* | |

**Datum:**                                       **Optionen 1**

## Optionen 2:

*Möglichkeiten der Maximierung*
*des gemeinsamen Nutzens*

**Verhandelnder:** *Ken*

**Gegenseite:** *Lou*

**Gegenstand:** *Beförderung*

Denken Sie über Möglichkeiten nach, Fähigkeiten und Ressourcen zu kombinieren, um die Hauptinteressen beider Seiten zu befriedigen.

| | **Bestandsaufnahme der Fähigkeiten und Ressourcen** | **Kombinieren Sie ähnliche Ressourcen, um Nutzen zu erzeugen** | **Kombinieren Sie unterschiedliche Ressourcen, um Nutzen zu erzeugen** |
|---|---|---|---|
| **Meine** | *Managementfähigkeiten*<br><br>*Engagement*<br><br>*Begeisterung*<br><br>*Fünfjährige Erfahrung*<br><br>*Fähigkeit zu formulieren* | *Ausarbeitung eines Plans, um Kundenzufriedenheit zu erhöhen und Geschäft zur Vorzeigefiliale zu machen*<br><br>*Ausarbeitung eines Plans, um mich in Ausbildung neuen Personals einzubeziehen* | *Entwicklung eines Schulungs- und Karriereplans für mich, der meine Produktivität und Entwicklung fördert*<br><br>*Einsatz meiner Schreibkunst für Saneway:*<br>*– Marketingabteilung*<br>*– neues Ausbildungsmaterial*<br><br>*Mehr Zusatzleistungen und weniger Gehalt – besser für mich und billiger für Saneway* |
| **Deren** | *Geld*<br><br>*Schulungsprogramme*<br><br>*Aufstiegsmöglichkeiten*<br><br>*Engagement beim Dienst am Kunden*<br><br>*Günstige Beschaffung von Zusatzleistungen* | | |

**Datum:**

**Optionen 2**

## Alternativen 1:

*Meine Alternativen zu
einem Abkommen*

**Verhandelnder:** *Ken*

**Gegenseite:** *Lou*

**Gegenstand:** *Beförderung*

---

**Meine Hauptinteressen:**

1. *Geld, um Bedürfnisse zu befriedigen*
2. *Beförderung zum stellv. Filialleiter*
3. *Entwicklungsmöglichkeiten*
4. *Leistungsanreize, Zulagen, Zusatzleistungen*

---

**Was könnte ich tun, um meine Interessen zu befriedigen, falls wir uns nicht einigen?**

---

| Alternativen | Pro | Contra |
|---|---|---|
| 1. *Kündigen und bei anderem Supermarkt arbeiten* | *Bei meiner Erfahrung leicht zu realisieren; evtl. Einstieg bei höherem Gehalt* | *Risiken; verliere Jahre der Betriebszugehörigkeit und die in 5 Jahren aufgebauten Arbeitsbeziehungen* |
| 2. *Weiter als Produktmanager arbeiten und meine Ausgaben kürzen* | *Kein Risiko, leicht durchzuführen* | *Geld knapp; verliere ich Respekt meiner Mitarbeiter, weil ich kneife?* |
| 3. *Nach anderen Positionen bei Saneway Ausschau halten* | *Dauer der Betriebszugehörigkeit bleibt erhalten; bleibe bei mir bekanntem Unternehmen; mache evtl. schneller Karriere* | *Ich weiß nicht, ob es andere Positionen gibt* |
| 4. *Weitere Ausbildung* | *Interessant; gut für die Entwicklung* | *Teuer; weitere Kredite!* |

---

**Datum:** **Alternativen 1**

## Alternativen 2:

*Auswahl und Verbesserung
meiner besten Alternative*

**Verhandelnder:** *Ken*

**Gegenseite:** *Lou*

**Gegenstand:** *Beförderung*

---

**Was werde ich wirklich tun, falls keine Einigung zustande kommt (d. h., was ist meine beste Alternative)? Warum?**

*Nr. 3:
Nach anderen Positionen bei Saneway Ausschau halten; das verbindet Entwicklungsmöglichkeiten mit geringerem Risiko*

**Was kann ich tun, um meine beste Alternative zu verbessern? (Schreiben Sie konkrete Schritte auf, die Sie noch vor Verhandlungsbeginn unternehmen könnten.)**

*Bei Personalabteilung nach Positionen, für die ich Interesse haben könnte / qualifiziert bin, und nach der Wahrscheinlichkeit ihres Freiwerdens fragen.*

---

**Datum:**                                                          **Alternativen 2**

## Alternativen 3:

Herausfinden der Alternativen
der Gegenseite

**Verhandelnder:** *Ken*
.............................................
**Gegenseite:** *Lou*
.............................................
**Gegenstand:** *Beförderung*
.............................................

**Ihre Hauptinteressen:**

1. *Niedrigstmögliches Gehalt zahlen*

2. *Einen guten stellv. Filialleiter finden*

3. *Kunden zufrieden stellen*

4. *Als fair angesehen werden*

**Was könnte sie tun, um ihre Interessen zu befriedigen, falls wir uns nicht einigen?**

| Alternativen | Pro | Contra |
|---|---|---|
| 1. *Nach jemand anderem suchen* | *Muß vielleicht nicht so viel zahlen* | *Muß den Job selber machen, bis er jemand anderen findet; muß Zeit für Interviews aufwenden* |
| 2. *Aushilfskraft einstellen, bis er vollzeitigen stellv. Filialleiter findet* | *Befriedigt unmittelbares Bedürfnis* | *Muß erst Aushilfskraft und dann Vollzeitkraft einarbeiten* |
| 3. *Andere Verteilung der Verantwortlichkeiten und Streichen der Position des stellv. Filialleiters* | *Spart Geld; sieht wie ein Held aus* | *Schwierig durchzusetzen; mehr Arbeit für Lou; könnte Widerstand von anderen bekommen* |

**Datum:**                                     **Alternativen 3**

## Alternativen 4:

*Annahmen über die
beste Alternative der Gegenseite*

**Verhandelnder:** *Ken*

**Gegenseite:** *Lou*

**Gegenstand:** *Beförderung*

---

**Was würde ich an ihrer Stelle tun?**
**(Welche ihrer Alternativen sieht am besten für sie aus?)**

*Nr. 3: Verantwortlichkeiten neu verteilen und Position streichen*

---

**Wie könnte ich völlig legitim die Attraktivität ihrer besten Alternative verringern?**

---

Durch Erschwerung ihrer Realisierung?

Durch andeuten, wie unklug oder teuer sie sein könnte?

---

*Den Kollegen erklären, wie wichtig
die Position des stellv. Filialleiters ist
und wie sie ihnen hilft, ihre Arbeit
zu tun (damit sie der Streichung der
Position Widerstand leisten)*

*Lou an alles erinnern, das Wayne
getan hat, damit alles glatt läuft*

---

**Datum:**

**Alternativen 4**

**Legitimität 1:** Benutzung
externer Standards als Lanze
und Schild

**Verhandelnder:** *Ken*

**Gegenseite:** *Lou*

**Gegenstand:** *Beförderung*

---

**Welche spezifische Sachfrage muß in dieser Verhandlung gelöst werden?**

*Welches Gehalt sollte ich bekommen, falls ich befördert werde?*

**Mögliche Standards** (Präzedenzfälle, Benchmarks, frühere Praxis, akzeptierte Grundsätze usw.)

Schreiben Sie Standards entlang einer Skala von »am ungünstigsten« für Sie bis »am günstigsten«.
Unter jedem Standard notieren Sie, was er für diesen Fall bedeuten würde.

| | Standards: | *mein jetziges Gehalt* | *Waynes Gehalt als stellv. Filialleiter* | *Waynes altes Gehalt + Inflation* | *Waynes neues Gehalt in neuer Filiale* | |
|---|---|---|---|---|---|---|
| am un-günstig-sten ◄ | | | | | | ► am günstig-sten |
| | Anwendung der Standards auf diesen Fall | *$ 18 000* | *$ 23 000* | *$ 24 000* | *$ 27 000* | |

**Andere Standards, die relevant sein könnten bzw. weitere Nachforschungen erfordern:**

*Gehälter von stellvertretenden Filialleitern anderer Supermärkte*
*– andere Saneway-Supermärkte*
*– Konkurrenten*

---

**Datum:**                                                                                    **Legitimität 1**

## *Legitimität 2:* Nutzung der Fairneß des Verfahrens, um zu überzeugen

**Verhandelnder:** *Ken*

**Gegenseite:** *Lou*

**Gegenstand:** *Beförderung*

---

### Überzeugungsmethoden

Wenn Sie einer Lösung nicht zustimmen können, können Sie vielleicht der Methode zustimmen, eine akzeptable Lösung zu finden. Falls Ihnen eines der folgenden Verfahren interessant erscheint, wie könnte man es auf diesen Fall anwenden?

»Ich schneide, du wählst«

Eine Münze werfen

Die Meinung eines Experten einholen
*Eine Stellenvermittlung nach der gegenwärtigen Höhe fragen*

Einen Schlichter entscheiden lassen

### Reziprozitätstest

In manchen Fällen kann Reziprozität sehr überzeugend sein: Gibt es Verhandlungen, bei denen sich Ihr Verhandlungspartner in einer ähnlichen Situation wie Sie befindet?
*Ja, wenn er über sein eigenes Gehalt verhandelt.*

Wenn ja, welche Standards oder Argumente könnte er/sie in der Situation benutzen?
*Wahrscheinlich weist er auf den Wert seiner Erfahrung hin.*

Wie könnten Sie diese Standards oder Argumente hier einsetzen?
*Das hervorheben, was ich in den 5 Jahren gelernt und geleistet habe.*

---

**Datum:**

**Legitimität 2**

**Legitimität 3:** Angebot einer attraktiven Möglichkeit für die Gegenseite, ihre Entscheidung zu erläutern

**Verhandelnder:** *Ken*

**Gegenseite:** *Lou*

**Gegenstand:** *Beförderung*

---

Falls die Gegenseite das Ergebnis dieser Verhandlung einer ihr wichtigen Person erklären muß, könnte diese mit den folgenden Punkten überzeugt werden:

1. »*Es ist eine faire Abmachung, die auf Kens Erfahrung und den früheren Gehältern beruht, die für diese Position gezahlt wurden.*«

2. »*Ich zahle nicht mehr als bisher und bekomme einen eifrigen und begeisterten Mitarbeiter mit Erfahrung und Ausbildung.*«

3.

4.

---

**Datum:**                                                    **Legitimität 3**

## Kommunikation 1:

*Überdenken meiner Annahmen,*
*und worauf ich hören sollte*

**Verhandelnder:** *Ken*

**Gegenseite:** *Lou*

**Gegenstand:** *Beförderung*

Der erste Schritt im Umgang mit Ihren blinden Flecken besteht darin, sich ihrer bewußt zu werden. Listen Sie in der linken Spalte Ihre Annahmen über die Absichten und Einschätzungen der Gegenseite auf. Notieren Sie in der rechten Spalte Kernsätze, die sie sagen könnte und die Sie veranlassen sollten, Ihre Annahmen in Frage zu stellen.

| **Meine Annahmen**<br>(Ich nehme an, daß ...) | **Worauf ich hören sollte** |
|---|---|
| *Lou will mir die Stelle nicht geben.* | *Lou sagt: »Ich freue mich, daß Sie an der Position interessiert sind.«* |
| *Lou will mir nicht die Gehalts-erhöhung geben, die ich möchte.* | *Lou sagt: »Ich möchte bezüglich des Gehalts fair sein.«* |
| *Lou glaubt nicht, daß ich genug Erfahrung für die Stelle habe.* | *Lou sagt: »Sie arbeiten hier schon seit geraumer Zeit, und ich weiß, Sie sind ein qualifizierter Bewerber.«* |
| *Lou meint, ich bin genau der Richtige für den Job.* | *Lou schaut mich an und druckst herum, wenn wir über mich und die Stelle reden.* |

**Datum:**                                          **Kommunikation 1**

## Kommunikation 2:

Umformulieren, damit die
Gegenseite besser versteht

**Verhandelnder:** *Ken*

**Gegenseite:** *Lou*

**Gegenstand:** *Beförderung*

| **Meine Sichtweise** | **Wie könnte die Gegenseite sie auffassen?** | **Umformulierungen** |
|---|---|---|
| (Listen Sie 3–5 Aussagen auf, die Sie machen könnten, um Ihre Interessen klar auszudrücken.) | (Notieren Sie für jede Aussage die mögliche Antwort der Gegenseite, z.B. »Ja, aber ...«) | (Formulieren Sie Ihre Aussagen so um, daß sie besser verstanden werden.) |
| *1. Ich möchte eine Erhöhung um 5000 Dollar.* | *Sie wollen eine riesige Gehaltserhöhung.* | *Ich möchte eine faire Entlohnung für die Arbeit und Verantwortung, die ich übernehme.* |
| *2. Ich verdiene die Stelle und das Gehalt, das ich fordere.* | *Sie sind ein zuverlässiger Mitarbeiter, aber niemand hat Anspruch auf eine Beförderung.* | *Ich glaube, meine Erfahrung und die kürzliche Schulung machen mich zu einem guten Kandidaten.* |
| *3. Ich möchte Karriere machen.* | *Will Ken <u>meine</u> Stelle haben?* | *Ich möchte, daß Sie mir helfen, einen Karriereplan zu entwickeln.* |

**Datum:**

**Kommunikation 2**

## Beziehung 1:

*Trennung der menschlichen Probleme von den Sachproblemen*

**Verhandelnder:** *Ken*

**Gegenseite:** *Lou*

**Gegenstand:** *Beförderung*

---

**Beschreiben Sie Ihre Beziehung** (benutzen Sie Adjektive)

*Freundlich, aber etwas distanziert*

---

**Trennen Sie die Beziehung von den Sachfragen**

---

**Sachfragen und -probleme**
(Geld, Begriffe, Termine, Bedingungen)

*Gehaltserhöhung*

*Verantwortlichkeiten*

**Beziehungsfragen und -probleme**
(Zuverlässigkeit, gegenseitige Anerkennung, Gefühle usw.)

*Faire Behandlung*

*Zuverlässige Informationen (z. B. darüber, was Wayne oder andere verdienen)*

---

**Auf Sachfragen bezogene Optionen und Lösungen**
(Schauen Sie evtl. in den Kapiteln über **Interessen** und **Optionen** nach)

*Bessere Zusatzleistungen (Krankenversicherung, Urlaub)*

*Bezahlung weiterer Ausbildung*

*Sonderschulung*

**Möglichkeiten zur Verbesserung der Beziehung**
(Gehen Sie sicher, daß diese keine Zugeständnisse in Sachfragen sind)

*Benutzung objektiver Standards*

*Personalabteilung nach durchschnittlichen Gehältern bestimmter Positionen fragen*

---

**Datum:**

**Beziehung 1**

## Beziehung 2:

*Vorbereitung auf den Aufbau
einer guten Arbeitsbeziehung*

**Verhandelnder:** *Ken*

**Gegenseite:** *Lou*

**Gegenstand:** *Beförderung*

---

**Was könnte gegenwärtig nicht in Ordnung sein?**

**Was kann ich tun, ...**

---

**Was könnte ein vorhandenes Mißverständnis verursacht haben?**

*Gerüchteküche*

um die Gegenseite besser zu verstehen?

*Direkt mit Lou reden und Klatsch beiseite lassen*

**Was könnte mangelndes Vertrauen verursacht haben?**

*Fehlende zuverlässige Informationen*

um meine Zuverlässigkeit zu beweisen?

*Keine Behauptungen über Dinge aufstellen, die ich nicht weiß*

**Was könnte die Ursache dafür sein, daß eine oder beide Seiten sich unter Druck gesetzt fühlen?**

*Lou muß die Stelle besetzen*

um eher zu überzeugen als Druck auszuüben?

*Anbieten, eine Woche lang einige Aufgaben des stellv. Filialleiters durchzuführen, während wir das weitere Vorgehen besprechen*

**Was könnte die Ursache dafür sein, daß eine oder beide Seiten sich nicht respektiert fühlen?**

um Anerkennung und Respekt zu zeigen?

**Was könnte die Ursache dafür sein, daß eine oder beide Seiten gekränkt sind?**

um Gefühl und Verstand ins Gleichgewicht zu bringen?

---

**Datum:**

**Beziehung 2**

## Verpflichtung 1:

### Festlegung der Themen des Abkommens

**Verhandelnder:** *Ken*

**Gegenseite:** *Lou*

**Gegenstand:** *Beförderung*

---

**Allgemeiner Zweck der Verhandlung**

*Diskussion der Beförderung und des möglichen Gehalts*

**Erwartetes Ergebnis der Verhandlung**
(Entwerfen Sie ein Inhaltsverzeichnis des Abkommens, das umsetzbar und von Dauer ist.)

*Zuständigkeiten*
*Gehalt*
*Schulungsplan*
*Antrittstermin*
*Zeitplan*

**Spezifischer Zweck der nächsten Besprechung**

*Besprechung der spezifischen Schulung für die Stelle*

**Greifbares Ergebnis der nächsten Besprechung**
(Wenn Sie sich das Papier vorstellen können, das Sie während dieser Besprechung produzieren würden: was würde es enthalten?)

| | |
|---|---|
| ............... | Eine Liste mit Optionen zur weiteren Überlegung? |
| ............... | Einen Aktionsplan für weitere notwendige Arbeit, bevor ein Abkommen möglich ist? |
| ............... | Eine gemeinsame Empfehlung an Ihre jeweilige Organisation? |
| ............... | Eine Übereinstimmung im grundsätzlichen? |
| ............... | Einen unterzeichneten Vertrag? |
| ✓ ............. | Verpflichtungen für die nächsten Schritte? |
| ............... | Sonstiges ......................................................... |

---

**Datum:**                                                    **Verpflichtung 1**

## Verpflichtung 2:

*Planung der Schritte bis zum Abkommen*

**Verhandelnder:** *Ken*

**Gegenseite:** *Lou*

**Gegenstand:** *Beförderung*

---

**Entscheidungsberechtigte: Namen der Personen, die das Abkommen unterzeichnen werden**

*Lou und ich*

**Umsetzung: Informationen, die das Abkommen bezüglich der nächsten Schritte enthalten sollte**

Ausführende, die vielleicht vor dem endgültigen Abkommen konsultiert werden sollten

*Wichtigste Mitarbeiter?*

Mögliche Hindernisse für die Umsetzung

*Widerstand von jemand anderem, der die Stelle haben will?*
*Unternehmensvorschriften betr. Anforderungen an die Stelle?*

Möglichkeiten, die Hindernisse zu überwinden

*Personalabteilung fragen. Mir über meine Eignung für die Stelle klar sein.*

| **Notwendige Schritte, um ein bindendes Abkommen zu erhalten** | **Angestrebter Termin** |
|---|---|
| 1. Vorläufige Übereinkunft über einzubeziehende Probleme: | *Erledigt* |
| 2. Klärung der Interessen bei jedem Problem: | *1. Besprechung morgen* |
| 3. Diskussion der Optionen zur Lösung der Probleme: | *Morgen* |
| 4. Mein Entwurf eines Rahmenabkommens: | *Ende der Woche?* |
| 5. Gemeinsamer Arbeitsentwurf des möglichen Abkommens: | |
| 6. Endversion zur Unterzeichnung bereit: | *Zwei Wochen* |

---

**Datum:**                                             **Verpflichtung 2**

# Ein Beispiel

Liz ist Regionalleiterin bei Wholesale Foods, einem großen und expandierenden nationalen Lebensmittelgroßhändler. Sie ist verantwortlich für die Pflege der Beziehungen zu Lieferanten, meist kleinen Farmern im Staat, sowie zu Kunden, von Tante-Emma-Läden bis zu den Geschäften der größten regionalen Supermarktkette. Einer der Lieferanten, mit dem sie zu verhandeln hat, ist Terry, Besitzer einer kleinen Obstplantage im Nordosten des Staates.

Als Leiterin eines großen Gebietes muß sich Liz um ihre Rentabilität kümmern, die von den Preisen abhängt, zu denen sie die Produkte ein- und verkauft. Ihre Rentabilität wird aber auch von dem Aufwand beeinflußt, mit dem sie ihre Produkte auf den Markt bringt, und von den Ausgaben, um Fehler in ihrem Liefersystem auszubügeln. Wenn zum Beispiel ein Farmer zu spät liefert, muß sie Geld ausgeben, um ihre Produkte aus einer anderen Quelle zu beziehen, normalerweise zu einem höheren Preis, um ihre Verpflichtungen gegenüber den Kunden einzuhalten. Oder wenn ein Farmer unverpacktes Obst liefert, muß sie Geld ausgeben, um sie in Kisten zu verpacken. Ihre Rentabilität hängt ferner von den Preisen ab, die sie bei ihren Kunden erzielen kann. Wenn sie sich den Ruf erwerben kann, eine Quelle für Qualitätsprodukte zu sein, kann sie ein paar Cents je Kilo über dem durchschnittlichen Marktpreis erhalten, die sich rasch zu einem großen Gewinn summieren. Um einige dieser Risiken abzudecken, unterhält Liz eine kleine LKW-Flotte und beschäftigt in ihren Lagern ein paar Arbeiter mehr als notwendig.

Terry ist sein eigener Herr und betreibt eine Obstplantage, die seit drei Generationen im Besitz seiner Familie ist. Er hat miterlebt, wie die Farm mit einer Reihe von Produkten experimentiert hat, aber zu einem großen Risiko: Eine schlechte Ernte bei einer angeblich verbesserten Sorte seiner traditionellen Produkte könnte für ihn das Ende bedeuten. Ein ähnliches Risiko liegt darin, ein neues Produkt anzubauen und es nicht zu einem guten Preis verkaufen zu können. Das könnte bedeuten, daß er zur Erntezeit nicht in der Lage ist, die während der Saison angefallenen Schulden zurückzuzahlen, was wiederum bedeuten würde, zur Pflanzzeit keine Betriebsmittel (Saatgut, Düngemittel usw.) kaufen zu können. Terry hat einen Pick-up, mit dem er seine Vorräte holt und das Obst ausliefert. Er beschäftigt nur – zur Pflanz- und Erntezeit – saisonale Hilfskräfte.

Jedes Jahr setzen sich Liz und Terry zusammen, um über die Lieferbedingungen zu diskutieren: Mengen und Preise seiner Produkte, Liefertermine, die Art der Verpackung usw. Obwohl sie gut miteinander auskommen, hat Liz das Gefühl, daß sie mehr tun könnten, das für beide von Vorteil wäre.

## Interessen 1:

*Feststellung der relevanten Parteien*

**Verhandelnder:** *Liz*

**Gegenseite:** *Terry*

**Gegenstand:** *Obstliefervertrag*

Tragen Sie die Namen der Personen oder Gruppen ein, die an dieser Verhandlung beteiligt sind. Setzen Sie sich als »Verhandelnden« ein und die Person, mit der Sie es direkt zu tun haben, als »Gegenseite«. Tragen Sie unten die Namen anderer Personen/Gruppen ein, die von dem Ergebnis der Verhandlung erheblich betroffen sein könnten.

| **Personen auf »meiner Seite«, die an dem Ergebnis interessiert sein könnten.** | **Personen auf der »Gegenseite«, die an dem Ergebnis interessiert sein könnten.** |
|---|---|
| **Interessengruppen?** *Beschäftigte von Wholesale Foods* | **Interessengruppen?** *Beschäftigte der Plantage* |
| **Freunde?** | **Freunde?** *Benachbarte Farmer* |
| **Familie?** | **Familie?** *Terrys Familie* |
| **Chef?** *Vice President Operations* | **Chef?** |
| **Sonstige?** *Kunden  Andere Lieferanten* | **Sonstige?** |

**Datum:**

**Interessen 1**

## Interessen 2:

### Klärung der Interessen

**Verhandelnder:** *Liz*

**Gegenseite:** *Terry*

**Gegenstand:** *Obstliefervertrag*

| **Meine** | **Der Gegenseite** | **Von anderen** |
|---|---|---|
| Was interessiert mich? | Wenn ich an ihrer Stelle wäre: Was würde mich interessieren oder mir Sorgen machen? | Was sind die Anliegen anderer, die erheblich betroffen sein könnten? |

| | | |
|---|---|---|
| **Persönlich** *Vor dem Chef gut dastehen* *Gute Arbeitsbedingungen beibehalten* | **Persönlich** *Familie ernähren, zufriedenstellen* | **Andere 1:** *Kunden* *– Qualitätsprodukte* *– Termingerechte Lieferung* *– Guter Preis* |
| | | **Andere 2:** *Andere Lieferanten* *– Faire Behandlung* *– Gute Bedingungen für ihre Produkte* |
| **Geschäftlich** *Guter Ruf für Qualitätsprodukte* *Gewinn aus:* *– Kauf und Verkauf von Qualitätsprodukten* *– rationellem Zeiteinsatz für Lieferung der Produkte* *Keine Lieferpannen* *Verkaufsgerecht verpackte Waren* | **Geschäftlich** *Guter Preis für Obst* *Überleben der Plantage* *Gute Ernten* *Produkte mit geringem Risiko* *Schuldenfrei bleiben, niedrige Gemeinkosten* *Ausreichende Vorräte zum Pflanzen* *Faire Geschäfte mit Käufern* | **Andere 3:** |

**Datum:**

**Interessen 2**

165

## Interessen 3:

Suche nach tiefer liegenden
Interessen

**Verhandelnder:** *Liz*

**Gegenseite:** *Terry*

**Gegenstand:** *Obstliefervertrag*

---

Listen Sie in der linken Spalte die wichtigeren Interessen von Ihnen und der Gegenseite auf, die Sie auf dem Blatt **Interessen 2** identifiziert haben. Fragen Sie sich jedesmal »warum?« und »zu welchem Zweck?« Wenn Sie tiefer liegende Interessen entdecken, schreiben Sie sie in die mittlere Spalte. Versuchen Sie dann, Ihre Interessen zu bewerten, indem Sie entsprechend deren relativer Bedeutung 100 Punkte vergeben.

---

| Wichtige Interessen (aus **Interessen 2**) | Grundlegende bzw. tiefer liegende Interessen (Fragen Sie sich »warum?« und »zu welchem Zweck?«) | Relative Bedeutung (Vergeben Sie 100 Punkte) |
|---|---|---|
| **Meine** | | |
| *Guter Ruf für Qualitätsprodukte* | *Geschäft ausdehnen* *Weiterhin zufriedene Kunden* | *40* |
| *Gewinn erzielen* | *Beim Chef gut dastehen* *Bonus verdienen* *Gut für das Unternehmen* | *40* |
| *Reibungslose Lieferungen* | *Zeit für andere Dinge* *Weiterhin zufriedene Kunden* *Weniger Störungen = rentableres Unternehmen* | *20* |
| **Der Gegenseite** | | |
| *Familie ernähren, zufriedenstellen* | *Das gleiche* | |
| *Guter Preis für Obst* | *Mindestfinanzbedarf decken* *Gewinn erzielen* *Polster für harte Zeiten anlegen* | |
| *Produkte mit geringem Risiko* | *Katastrophe vermeiden* *Familie nicht dem Risiko aussetzen* *Abschätzbare Ernte und vorhersehbarer Markt* | |

---

**Datum:**

**Interessen 3**

## Optionen 1:

Entwicklung von Optionen zur
Befriedigung der Interessen beider Seiten

**Verhandelnder:** *Liz*

**Gegenseite:** *Terry*

**Gegenstand:** *Obstliefervertrag*

| Meine Interessen | Mögliche Optionen | Interessen der Gegenseite |
|---|---|---|
| 1. Erlöse | Höchstpreis für höchste Qualität zahlen | 1. Erlöse |
| 2. Qualität | Bonus für pünktliche Lieferung zahlen | 2. Qualität |
| 3. Zuverlässigkeit | Verpackungskosten teilen | 3. Zuverlässigkeit |
| 4. Verpackung | Vorauszahlung zur Pflanzzeit für das Risiko bei neuen Produkten | 4. Verpackung |
| 5. Wettbewerbsvorteil gegenüber anderen Großhändlern | Exklusivvertrag im Austausch für die Garantie, von Terry alles zu kaufen, was Mindest-Qualitäts-standards erfüllt | 5. Schnelle und effiziente Ernte |
| 6. Zugang zu anderen Produkten | | 6. Liquidität während der Pflanzzeit |
| 7. Marken-Image | | 7. Transportversiche-rung |

**Datum:**

**Optionen 1**

## Optionen 2:

*Möglichkeiten der Maximierung
des gemeinsamen Nutzens*

**Verhandelnder:** *Liz*

**Gegenseite:** *Terry*

**Gegenstand:** *Obstliefervertrag*

Denken Sie über Möglichkeiten nach, Fähigkeiten und Ressourcen zu kombinieren, um die Hauptinteressen beider Seiten zu befriedigen.

|  | **Bestandsaufnahme der Fähigkeiten und Ressourcen** | **Kombinieren Sie ähnliche Ressourcen, um Nutzen zu erzeugen** | **Kombinieren Sie unterschiedliche Ressourcen, um Nutzen zu erzeugen** |
|---|---|---|---|
| **Meine** | *Geld*<br><br>*LKWs*<br><br>*Ständige Arbeitskräfte*<br><br>*Kunden*<br><br>*Marktkenntnis* | *1. Wir könnten unsere Fahrzeuge gemeinsam nutzen und für den Zweck einsetzen, für den sie am besten geeignet sind.*<br><br>*2. Wir könnten unsere Einkäufe gemeinsam durchführen, um einen besseren Preis zu bekommen (Treibstoff Reifen, Ersatzteile).* | *1. Ich könnte zur Erntezeit Arbeitskräfte zur Verfügung stellen, um zu helfen, die Ware in kleinere Kisten zu verpacken.*<br><br>*2. Wir könnten gemeinsam Spezialprodukte bestimmen, die er anbauen und ich finanzieren und vermarkten könnte.*<br><br>*3. Wir könnten das beste Obst kennzeichnen, um ein positives Markenimage aufzubauen.*<br><br>*4. Ich könnte Terry zur Pflanzzeit eine Vorauszahlung leisten.* |
| **Deren** | *Produkte*<br><br>*Land*<br><br>*Saisonarbeitskräfte*<br><br>*Betriebserfahrung*<br><br>*Pick-up*<br><br>*Möglichkeit, das beste Obst zu erkennen und auszusondern* |  |  |

**Datum:**

**Optionen 2**

## *Alternativen 1:*

*Meine Alternativen zu
einem Abkommen*

**Verhandelnder:** *Liz*

**Gegenseite:** *Terry*

**Gegenstand:** *Obstliefervertrag*

**Meine Hauptinteressen:**

*Guter Ruf für Qualitätsprodukte*

*Gewinn erzielen*

*Reibungslose Lieferungen*

*Verkaufsgerecht verpackte Waren*

**Was könnte ich tun, um meine Interessen zu befriedigen, falls wir uns nicht einigen?**

| Alternativen | Pro | Contra |
|---|---|---|
| *1. Andere Obstplantage finden* | *Sollte nicht zu schwer sein* | *Muß mit jemandem neu anfangen, den ich nicht kenne* |
| | *Evtl. kann ich von Anfang an auf besserer Qualität und niedrigerem Preis bestehen* | |
| *2. Unternehmenseigene Plantage eröffnen* | *Größere Kontrolle über Kulturen und Kosten* | *Schwieriger Einstieg* |
| *3. Bestimmte Produkte Terrys nicht mehr anbieten* | *Leicht durchzuführen* | *Viel Zeit und Mühen erforderlich Verliere Gewinnpotential Verärgere Kunden Beschädige unseren Ruf* |

**Datum:**

**Alternativen 1**

## Alternativen 2:

*Auswahl und Verbesserung
meiner besten Alternative*

**Verhandelnder:** *Liz*

**Gegenseite:** *Terry*

**Gegenstand:** *Obstliefervertrag*

---

**Was werde ich wirklich tun, falls keine Einigung zustande kommt (d. h., was ist meine beste Alternative)? Warum?**

*Nr. 1:
Andere Obstplantage finden: ist die Alternative mit dem geringsten Risiko*

**Was kann ich tun, um meine beste Alternative zu verbessern? (Schreiben Sie konkrete Schritte auf, die Sie noch vor Verhandlungsbeginn unternehmen könnten.)**

*Andere Lieferanten anrufen, damit ich weiß, was verfügbar ist.
Mit Einkäufern über andere lokale Plantagen reden.*

---

**Datum:**

**Alternativen 2**

## *Alternativen 3:*

*Herausfinden der Alternativen
der Gegenseite*

**Verhandelnder:** *Liz*

**Gegenseite:** *Terry*

**Gegenstand:** *Obstliefervertrag*

**Ihre Hauptinteressen:**

1. *Familie ernähren, zufrieden stellen*

2. *Guter Preis für Obst*

3. *Gute Ernten*

4. *Faire Geschäfte*

5. *Niedriges Risiko/niedrige Schulden*

**Was könnte sie tun, um ihre Interessen zu befriedigen, falls wir uns nicht einigen?**

| Alternativen | Pro | Contra |
|---|---|---|
| 1. *Einen anderen Großhändler finden* | *Verbreitert seine Kundenbasis* | *Es kostet Zeit, einen anderen Großhändler zu finden* |
| | *Ermöglicht ihm, mehr zu verkaufen* | *Geschäft ist schwierig; es ist nicht einfach, neue Kunden zu finden* |
| | *Erhält vielleicht bessere Bedingungen* | *Müßte mit jemandem verhandeln, den er nicht kennt* |
| 2. *Die Plantage verkaufen* | *Kommt aus stark schwankendem Geschäft heraus* | *Gibt Familientradition auf* |
| | | *Was kann er statt dessen machen?* |

**Datum:**

**Alternativen 3**

171

## Alternativen 4:

Annahmen über die
beste Alternative der Gegenseite

**Verhandelnder:** *Liz*

**Gegenseite:** *Terry*

**Gegenstand:** *Obstliefervertrag*

---

**Was würde ich an ihrer Stelle tun?**
**(Welche ihrer Alternativen sieht am besten für sie aus?)**

*Nr. 1: Einen anderen Großhändler finden*

---

**Wie könnte ich völlig legitim die Attraktivität ihrer besten Alternative verringern?**

---

Durch Erschwerung ihrer Realisierung?

Durch andeuten, wie unklug oder teuer sie
sein könnte?

---

*Mich bei anderen Großhändlern, die
ich kenne, darüber beklagen, wie
teuer Terry geworden ist?*

*Terry einige Artikel darüber zeigen,
wie hart das Großhandelsgeschäft
geworden ist.*

---

**Datum:**

**Alternativen 4**

## *Legitimität 1:* Benutzung externer Standards als Lanze und Schild

**Verhandelnder:** *Liz*
**Gegenseite:** *Terry*
**Gegenstand:** *Obstliefervertrag*

**Welche spezifische Sachfrage muß in dieser Verhandlung gelöst werden?**

*Preis seiner Produkte (z. B. Erdbeeren)*

**Mögliche Standards** (Präzedenzfälle, Benchmarks, frühere Praxis, akzeptierte Grundsätze usw.)

Schreiben Sie Standards entlang einer Skala von »am ungünstigsten« für Sie bis »am günstigsten«. Unter jedem Standard notieren Sie, was er für diesen Fall bedeuten würde.

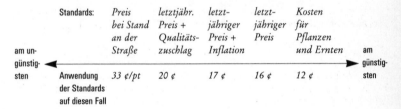

**Andere Standards, die relevant sein könnten bzw. weitere Nachforschungen erfordern:**

*Preis bei benachbarten Plantagen*

*Zusätzliche Marge zu den Kosten, die Terry zur Abdeckung schlechter Ernten braucht*

*Preis, zu dem wir an Obst- und Gemüseläden verkaufen*

**Datum:**  **Legitimität 1**

## Legitimität 2: *Nutzung der Fairneß des Verfahrens, um zu überzeugen*

**Verhandelnder:** *Liz*

**Gegenseite:** *Terry*

**Gegenstand:** *Obstliefervertrag*

---

### Überzeugungsmethoden

Wenn Sie einer Lösung nicht zustimmen können, können Sie vielleicht der Methode zustimmen, eine akzeptable Lösung zu finden. Falls Ihnen eines der folgenden Verfahren interessant erscheint, wie könnte man es auf diesen Fall anwenden?

»Ich schneide, du wählst« *Terry sagen, wir können sie für ...... Cents pro Pfund pflücken und verpacken, und er soll wählen, wie er liefert.*

Eine Münze werfen

Die Meinung eines Experten einholen *Einen Sachverständigen beurteilen lassen, ob und wieviel Terrys Obst besser ist als der Durchschnitt.*

Einen Schlichter entscheiden lassen

### Reziprozitätstest

In manchen Fällen kann Reziprozität sehr überzeugend sein: Gibt es Verhandlungen, bei denen sich Ihr Verhandlungspartner in einer ähnlichen Situation wie Sie befindet?

*Terry kauft Saatgut und andere Betriebsmittel.*

Wenn ja, welche Standards oder Argumente könnte er/sie in der Situation benutzen?

*Er bittet wahrscheinlich um einen Rabatt für langjährigen Bezug.*

Wie könnten Sie diese Standards oder Argumente hier einsetzen?

*Um Rabatt bitten für Garantie, daß wir jedes Jahr seine Ernte kaufen werden.*

---

**Datum:**

**Legitimität 2**

**Legitimität 3:** *Angebot einer attraktiven Möglichkeit für die Gegenseite, ihre Entscheidung zu erläutern*

**Verhandelnder:** *Liz*

**Gegenseite:** *Terry*

**Gegenstand:** *Obstliefervertrag*

---

Falls die Gegenseite das Ergebnis dieser Verhandlung einer ihr wichtigen Person erklären muß, könnte diese mit den folgenden Punkten überzeugt werden:

1. *»Es ist ein faires Geschäft, verglichen mit anderen Farmern.«*

2. *»Es erlaubt uns, zu experimentieren und vielleicht später mehr Geld zu verdienen.«*

3. *»Es ist nichts anderes als das, worum ich meine Lieferanten bitten würde.«*

4.

---

**Datum:**                                                                 **Legitimität 3**

## Kommunikation 1:

*Überdenken meiner Annahmen,
und worauf ich hören sollte*

**Verhandelnder:** *Liz*

**Gegenseite:** *Terry*

**Gegenstand:** *Obstliefervertrag*

---

Der erste Schritt im Umgang mit Ihren blinden Flecken besteht darin, sich ihrer bewußt zu werden. Listen Sie in der linken Spalte Ihre Annahmen über die Absichten und Einschätzungen der Gegenseite auf. Notieren Sie in der rechten Spalte Kernsätze, die sie sagen könnte und die Sie veranlassen sollten, Ihre Annahmen in Frage zu stellen.

---

**Meine Annahmen**
(Ich nehme an, daß ...)

**Worauf ich hören sollte**

---

*er sich weigern könnte, für diese Ver-
handlung mehr Zeit aufzuwenden.*

*Haben Sie neue Ideen?*

*er nichts anderes ausprobieren möchte.*

*Ich lese gerade etwas über neue
Geräte und Techniken.*

*er verpflichtet ist, seine Saisonarbeiter
zur Erntezeit einzustellen.*

*Es wird immer schwieriger, gute
Leute zu einem vernünftigen Lohn zu
finden.*

---

**Datum:**

**Kommunikation 1**

## Kommunikation 2:

*Umformulieren, damit die Gegenseite besser versteht*

**Verhandelnder:** *Liz*

**Gegenseite:** *Terry*

**Gegenstand:** *Obstliefervertrag*

| **Meine Sichtweise** | **Wie könnte die Gegenseite sie auffassen?** | **Umformulierungen** |
|---|---|---|
| (Listen Sie 3–5 Aussagen auf, die Sie machen könnten, um Ihre Interessen klar auszudrücken.) | (Notieren Sie für jede Aussage die mögliche Antwort der Gegenseite, z.B. »Ja, aber ...«) | (Formulieren Sie Ihre Aussagen so um, daß sie besser verstanden werden.) |
| *Ich brauche das Obst richtig verpackt.* | *Sie verlangen etwas von mir, das ich nicht erfüllen kann.* | *Wie können wir zusammenarbeiten, um eine schnelle Lieferung sicherzustellen, ohne einem von uns eine ungebührliche Last aufzubürden?* |
| *Ich brauche die Zusicherung, daß Sie pünktlich liefern.* | *Ich gebe Ihnen mein Wort: Ich werde tun, was ich kann.* | *Lassen Sie uns gemeinsam überlegen, was wir tun können, um pünktliche Lieferung zu gewährleisten, und was, wenn es nicht klappt.* |
| *Ich möchte Ihr bestes Obst als »höchste Qualität« kennzeichnen.* | *Will sie mir für das andere Obst weniger bezahlen?* | *Ich überlege, wie wir das beste Obst aussortieren und dafür einen höheren Preis ansetzen können.* |

**Datum:**

**Kommunikation 2**

## Beziehung 1:

*Trennung der menschlichen Probleme*
*von den Sachproblemen*

**Verhandelnder:** *Liz*

**Gegenseite:** *Terry*

**Gegenstand:** *Obstliefervertrag*

---

**Beschreiben Sie Ihre Beziehung** (benutzen Sie Adjektive)

*Geschäftsmäßig; kooperativ*

---

**Trennen Sie die Beziehung von den Sachfragen**

---

**Sachfragen und -probleme**
(Geld, Begriffe, Termine, Bedingungen)

*Preis je Pfund*

*Liefertermine*

*Verpackungsarten*

*Zahlungsmodus*

*Mengen*

**Beziehungsfragen und -probleme**
(Zuverlässigkeit, gegenseitige Anerkennung,
Gefühle usw.)

*Beziehung ist gut*

---

**Auf Sachfragen bezogene Optionen und
Lösungen**
(Schauen Sie evtl. in den Kapiteln über
**Interessen** und **Optionen** nach)

*Andere Großhandels-Obstpreise*
*erkunden*

*Alternativplan, um Verhandlung bis*
*zum Ende durchzuziehen*

**Möglichkeiten zur Verbesserung der
Beziehung**
(Gehen Sie sicher, daß diese keine Zugeständ-
nisse in Sachfragen sind)

*Weitermachen wie bisher*
*– einander zuhören*
*– zuerst gemeinsam beraten*
*– Lösungen statt Probleme präsen-*
*tieren*

---

**Datum:**

**Beziehung 1**

## Beziehung 2:

*Vorbereitung auf den Aufbau
einer guten Arbeitsbeziehung*

**Verhandelnder:** *Liz*

**Gegenseite:** *Terry*

**Gegenstand:** *Obstliefervertrag*

| | |
|---|---|
| **Was könnte gegenwärtig nicht in Ordnung sein?** | **Was kann ich tun, ...** |
| **Was könnte ein vorhandenes Mißverständnis verursacht haben?** | um die Gegenseite besser zu verstehen? |
| *In der Vergangenheit Interessen nicht erforscht* | *Fragen stellen; mich bemühen, mich an seine Stelle zu versetzen* |
| **Was könnte mangelndes Vertrauen verursacht haben?** | um meine Zuverlässigkeit zu beweisen? |
| *Auffassungen bezüglich der Unterschiede zwischen städtischem und ländlichem Lebensstil* | *Ihn besuchen; Jeans anziehen* |
| **Was könnte die Ursache dafür sein, daß eine oder beide Seiten sich unter Druck gesetzt fühlen?** | um eher zu überzeugen als Druck auszuüben? |
| **Was könnte die Ursache dafür sein, daß eine oder beide Seiten sich nicht respektiert fühlen?** | um Anerkennung und Respekt zu zeigen? |
| **Was könnte die Ursache dafür sein, daß eine oder beide Seiten gekränkt sind?** | um Gefühl und Verstand ins Gleichgewicht zu bringen? |
| *Wir sind es nicht, aber es wäre möglich: aus Furcht, in letzter Minute ohne Vertrag dazustehen.* | *Meine beste Alternative kennen, so daß ich ruhig bleiben kann.* |
| | *Ihn nicht zu sehr oder zu früh zu seiner besten Alternative drängen.* |

**Datum:**

**Beziehung 2**

## Verpflichtung 1:

*Festlegung der Themen des*
*Abkommens*

**Verhandelnder:** *Liz*
**Gegenseite:** *Terry*
**Gegenstand:** *Obstliefervertrag*

**Allgemeiner Zweck der Verhandlung**

*Bedingungen des Vertrags diskutieren und entscheiden*

**Erwartetes Ergebnis der Verhandlung**
(Entwerfen Sie ein Inhaltsverzeichnis des Abkommens, das umsetzbar und von Dauer ist.)

*Obstmengen*
*Preise*
*Liefertermine*
*Zahlungsmodus*
*Alternativplan*
*Strafklauseln*

**Spezifischer Zweck der nächsten Besprechung**

*Möglichkeiten der Verbesserung des bestehenden Vertrags erkunden*

**Greifbares Ergebnis der nächsten Besprechung**
(Wenn Sie sich das Papier vorstellen können, das Sie während dieser Besprechung produzieren
würden: was würde es enthalten?)

| | |
|---|---|
| ✓ | Eine Liste mit Optionen zur weiteren Überlegung? |
| | Einen Aktionsplan für weitere notwendige Arbeit, bevor ein Abkommen möglich ist? |
| | Eine gemeinsame Empfehlung an Ihre jeweilige Organisation? |
| | Eine Übereinstimmung im grundsätzlichen? |
| | Einen unterzeichneten Vertrag? |
| | Verpflichtungen für die nächsten Schritte? |
| | Sonstiges |

**Datum:**                                                                 **Verpflichtung 1**

## Verpflichtung 2:

*Planung der Schritte bis zum Abkommen*

**Verhandelnder:** *Liz*

**Gegenseite:** *Terry*

**Gegenstand:** *Obstliefervertrag*

---

**Entscheidungsberechtigte: Namen der Personen, die das Abkommen unterzeichnen werden**

*Terry und Liz*

**Umsetzung: Informationen, die das Abkommen bezüglich der nächsten Schritte enthalten sollte**

Ausführende, die vielleicht vor dem endgültigen Abkommen konsultiert werden sollten

*Meine LKW-Fahrer und Lagerarbeiter?*

Mögliche Hindernisse für die Umsetzung

*Wetter; Krankheit in Terrys Familie; Pannen seines Pick-ups*

Möglichkeiten, die Hindernisse zu überwinden

*Krisenpläne und gute Kommunikation*

| **Notwendige Schritte, um ein bindendes Abkommen zu erhalten** | **Angestrebter Termin** |
|---|---|
| 1. Vorläufige Übereinkunft über einzubeziehende Probleme: | *nächste Besprechung (Dienstag)* |
| 2. Klärung der Interessen bei jedem Problem: | *dito* |
| 3. Diskussion der Optionen zur Lösung der Probleme: | *dito* |
| 4. Mein Entwurf eines Rahmenabkommens: | *Eine Woche später* |
| 5. Gemeinsamer Arbeitsentwurf des möglichen Abkommens: | *Ende des Monats* |

---

**Datum:**                                                      **Verpflichtung 2**

# Ein Beispiel

KidWorld Mfg. Co. und die Gewerkschaft ASSEMBLY WORKERS OF AMERICA verhandeln seit Wochen über einen neuen Dreijahresvertrag. Sie haben eine Anzahl von Problemen gelöst und sich vorläufig über Löhne, Arbeitsregeln und Leistungszulagen geeinigt. Das nächste Diskussionsthema verspricht jedoch, schwierig zu werden.

Krankenversicherung ist bei KidWorld zu einem sensiblen Thema geworden. Als Teil des Leistungspakets für Fließbandarbeiter übernimmt KidWorld etwa 50 Prozent der Krankenversicherungskosten der Arbeiter. In diesem Prozentsatz sind Versicherungsprämien, Zuzahlungen, Selbstbehalte usw. eingeschlossen. Einer Studie externer Berater zufolge erhöhen KidWorlds gegenwärtige Aufwendungen für Krankenversicherung die Kosten des verkauften Spielzeugs um 12 Prozent, eine um das Vierfache höhere Zahl als bei den ausländischen Konkurrenten. Die Geschäftsleitung ist auch darüber besorgt, daß die Aufwendungen für die Krankenversicherung schneller gestiegen sind als alle anderen Kosten, mit Ausnahme der Löhne, die sich einschließlich der Leistungszulagen doppelt so stark wie die Inflationsrate erhöht haben.

Die Gewerkschaft ist ebenfalls wegen der Krankenversicherung beunruhigt. Eine Befragung ihrer Arbeiter hat ergeben, daß der sinkende Gegenwert ihrer Krankenversicherungsausgaben an zweiter Stelle der Sorgen der Beschäftigten rangiert, nach der Furcht um die Sicherheit der Renten. Im Laufe der letzten Jahre haben die Versicherungsleistungen des Unternehmens nicht mit der Inflation im Gesundheitssektor Schritt gehalten, und die Beiträge und Zuzahlungen der Beschäftigten sind gestiegen. KidWorld rangiert bei den Krankenversicherungsleistungen zwar in der oberen Hälfte der Arbeitgeber, bei denen die ASSEMBLY WORKERS OF AMERICA vertreten ist, liegt aber unter einer bedeutenden Anzahl einheimischer Konkurrenten, die in Größe und Struktur ähnlich sind.

Das Verhandlungsteam der Gewerkschaft bereitet sich auf die Begegnung mit dem Team des Unternehmens vor. Die Verhandlungen über dieses Thema waren schon immer schwierig gewesen. Das Gewerkschaftsteam verlangte Unmögliches (volle Deckung aller Krankheitskosten), und das Unternehmen klagte darüber, daß es wegen der steigenden Krankheitskosten gegenüber der ausländischen Konkurrenz an Boden verliert. Bei den letzten Verhandlungen hat das Unternehmen versucht, die Gewerkschaft zu veranlassen, einige Gesundheitsleistungen »zurückzugeben«.

In diesem Jahr hat die Gewerkschaft beschlossen, mit mehr als lautstarkem Disput und der Drohung mit Arbeitskämpfen in die Verhandlung zu gehen. Das Verhandlungsteam hat über mögliche Lösungen des Problems, verursacht durch steigende Kosten im Gesundheitsbereich, nachgedacht, und es will außerdem versuchen, für die Behandlung des Themas überzeugende Standards auf den Tisch zu legen.

## Interessen 1:

*Feststellung der relevanten Parteien*

**Verhandelnder:** *Gewerkschaftsteam*

**Gegenseite:** *KidWorld-Team*

**Gegenstand:** *Krankenversicherung*

---

Tragen Sie die Namen der Personen oder Gruppen ein, die an dieser Verhandlung beteiligt sind. Setzen Sie sich als »Verhandelnden« ein und die Person, mit der Sie es direkt zu tun haben, als »Gegenseite«. Tragen Sie unten die Namen anderer Personen/Gruppen ein, die von dem Ergebnis der Verhandlung erheblich betroffen sein könnten.

---

**Personen auf »meiner Seite«, die an dem Ergebnis interessiert sein könnten.**

**Personen auf der »Gegenseite«, die an dem Ergebnis interessiert sein könnten.**

**Interessengruppen?** *Gewerkschafts-mitglieder*

**Interessengruppen?** *Management*

**Freunde?**

**Freunde?**

**Familie?** *Ja!*

**Familie?**

**Chef?** *Vorsitzender der Gewerkschaft*

**Chef?** *CEO*

**Sonstige?** *Nicht in der Gewerkschaft organisierte Beschäftigte von KidWorld*

**Sonstige?** *Nicht in der Gewerkschaft organisierte Beschäftigte von KidWorld Andere Spielzeughersteller Kunden*

---

**Datum:**

**Interessen 1**

## Interessen 2:

### Klärung der Interessen

**Verhandelnder:** *Gewerkschaftsteam*

**Gegenseite:** *KidWorld-Team*

**Gegenstand:** *Krankenversicherung*

| **Meine** | **Der Gegenseite** | **Von anderen** |
|---|---|---|
| Was interessiert mich? | Wenn ich an ihrer Stelle wäre: Was würde mich interessieren oder mir Sorgen machen? | Was sind die Anliegen anderer, die erheblich betroffen sein könnten? |
| **Persönlich** | **Persönlich** | **Andere 1:** |
| *Effiziente, leichte Verhandlung* | *Vor CEO gut dastehen* | *CEO* |
| | *Effiziente, leichte Verhandlung* | *– Rentabilität des Unternehmens* |
| *Die Ergebnisse erläutern können* | *Die Ergebnisse erläutern können* | |
| | | **Andere 2:** |
| | | *Kunden* |
| | | *– Qualitätsprodukte* |
| **Geschäftlich** | **Geschäftlich** | *– Guter Service* |
| *Günstiges Krankenversicherungspaket* | *Kosten niedrig halten* | *– Konkurrenzfähige Preise* |
| *Niedrige Kosten für Beschäftigte* | *Mit anderen Herstellern konkurrieren können* | |
| *Faire Behandlung* | *Präzedenzfall schaffen* | |
| *Mitsprache bei den Entscheidungen, die uns betreffen* | *Verhandlungen ohne Streik beenden* | **Andere 3:** |
| | | *Andere KidWorld-Beschäftigte* |
| *Gute Moral der Beschäftigten* | | |
| | | *Fairneß bei deren Zusatzleistungen* |
| *Senkung der Beiträge der Beschäftigten* | | |

**Datum:**                                                                   **Interessen 2**

## Interessen 3:

### Suche nach tiefer liegenden Interessen

**Verhandelnder:** *Gewerkschaftsteam*

**Gegenseite:** *KidWorld-Team*

**Gegenstand:** *Krankenversicherung*

Listen Sie in der linken Spalte die wichtigeren Interessen von Ihnen und der Gegenseite auf, die Sie auf dem Blatt **Interessen 2** identifiziert haben. Fragen Sie sich jedesmal »warum?« und »zu welchem Zweck?« Wenn Sie tiefer liegende Interessen entdecken, schreiben Sie sie in die mittlere Spalte. Versuchen Sie dann, Ihre Interessen zu bewerten, indem Sie entsprechend deren relativer Bedeutung 100 Punkte vergeben.

| Wichtige Interessen (aus **Interessen 2**) | Grundlegende bzw. tiefer liegende Interessen (Fragen Sie sich »warum?« und »zu welchem Zweck?«) | Relative Bedeutung (Vergeben Sie 100 Punkte) |
|---|---|---|
| **Meine** | | |
| *Mitsprache bei Entscheidungen* | *Mitsprache bei Verwendung unseres Geldes* *Mehr als Teil des Unternehmens fühlen* *Ernst genommen werden* | *30* |
| *Günstiges Krankenversicherungspaket* | *Zugang zu guter medizin. Versorgung* *Faire Behandlung* | *35* |
| *Senkung der Beiträge der Beschäftigten* | *Teil des verfügbaren Einkommens für andere Dinge (Urlaub usw.) freimachen* | *35* |
| **Der Gegenseite** | | |
| *Vor CEO gut dastehen* | *Beförderung – größere Verantwortung erhalten* | |
| *Kosten niedrig halten* | *Konkurrenzfähig sein* *Erhöhung des Aktienkurses des Unternehmens* | |
| *Günstiger Präzedenzfall* | *Zukünftige Verhandlungen mit uns und anderen Gewerkschaften erleichtern* | |
| *Streik vermeiden* | *Minimierung von Störungen* *Vermeidung von Streikkosten* | |

**Datum:**

**Interessen 3**

## Optionen 1:

*Entwicklung von Optionen zur Befriedigung der Interessen beider Seiten*

**Verhandelnder:** *Gewerkschaftsteam*

**Gegenseite:** *KidWorld-Team*

**Gegenstand:** *Krankenversicherung*

| Meine Interessen | Mögliche Optionen | Interessen der Gegenseite |
|---|---|---|
| *Mitsprache bei Verwendung unseres Geldes* | *Gewerkschaft in Verfahren der Auswahl und Bewertung einbeziehen* | *Günstiger Präzedenzfall* |
| *Günstiges Krankenversicherungspaket* | *Versicherungspläne* | *Kosten niedrig halten* |
| | *Präventive Gesundheitsprogramme entwickeln, um Gesamtkosten zu senken* | |
| *Als Teil des Unternehmens fühlen* *Ernst genommen werden* | *Gemeinsame Gewerkschafts-/Management-Komitees bilden, um spezif. Gesundheitsfürsorgeprobleme zu bearbeiten* | *Streik vermeiden* |
| *Teil des verfügbaren Einkommens für andere Dinge freimachen* | *Gleitklauseln entwerfen für den Fall, daß Kosten steigen, und Anreize schaffen, um Kosten niedrig zu halten* | *Konkurrenzfähig sein* *Aktienkurs erhöhen* |

**Datum:**

**Optionen 1**

## Optionen 2:

*Möglichkeiten der Maximierung*
*des gemeinsamen Nutzens*

**Verhandelnder:** *Gewerkschaftsteam*
**Gegenseite:** *KidWorld-Team*
**Gegenstand:** *Krankenversicherung*

Denken Sie über Möglichkeiten nach, Fähigkeiten und Ressourcen zu kombinieren, um die Hauptinteressen beider Seiten zu befriedigen.

| Bestandsaufnahme der Fähigkeiten und Ressourcen | Kombinieren Sie ähnliche Ressourcen, um Nutzen zu erzeugen | Kombinieren Sie unterschiedliche Ressourcen, um Nutzen zu erzeugen |
|---|---|---|
| **Meine**<br><br>*Gewerkschaftsmitglieder mobilisieren und motivieren können*<br><br>*Pläne bewerten können* | *Gemeinsame Bewertung von Plänen*<br><br>*Gemeinsamer Entwurf des Idealplans, um Angebote dafür zu erhalten*<br><br>*Fähigkeit, Zusammenarbeit zu fördern*<br><br>*Fähigkeit, als »Modellkunde« für progressive Krankenversicherer zu dienen* | *Einige Krankheitstage gegen niedrigeren Selbstbehalt eintauschen?*<br><br>*Präventive Gesundheitsprogramme entwickeln und fördern, um Gesundheitsprobleme und -kosten zu verringern (Sport treiben, Blutdrucküberwachung usw.)*<br><br>*Der Gewerkschaft die Gelegenheit bieten, besseren Vertrag abzuschließen, um dem Unternehmen Kosten zu ersparen* |
| **Deren**<br><br>*Geld*<br><br>*Platz in Fabriken*<br><br>*Pläne bewerten können* | | |

**Datum:**                                          **Optionen 2**

## Alternativen 1:

*Meine Alternativen zu
einem Abkommen*

**Verhandelnder:** *Gewerkschaftsteam*

**Gegenseite:** *KidWorld-Team*

**Gegenstand:** *Krankenversicherung*

**Meine Hauptinteressen:**

1. *Mitsprache bei Entscheidungen*

2. *Günstiges Krankenversicherungspaket*

3. *Niedrige Beiträge der Beschäftigten*

4. *Faire Behandlung*

**Was könnte ich tun, um meine Interessen zu befriedigen, falls wir uns nicht einigen?**

| Alternativen | Pro | Contra |
|---|---|---|
| *1. Streik* | *Leicht zu organisieren* | *Für alle nachteilig* |
| | *Können wahrscheinlich die Stimmen beschaffen* | |
| *2. Gewerkschaft kauft Zusatzversicherung* | *Wir bekommen genau das, was wir wollen* | *Teuer?* |
| | | *Schwierige Verwaltung* |
| *3. Beim Kongreß für vollen Versicherungsschutz intervenieren* | *Würde Belastung auf Arbeitgeber abwälzen* | *Langfristige Lösung, nicht für dieses Jahr* |
| | *Können Unterstützung anderer Gewerkschaften erhalten* | *Teures Unternehmen* |
| | | *Fraglicher Erfolg* |

**Datum:**

**Alternativen 1**

## Alternativen 2:

Auswahl und Verbesserung
meiner besten Alternative

**Verhandelnder:** *Gewerkschaftsteam*

**Gegenseite:** *KidWorld-Team*

**Gegenstand:** *Krankenversicherung*

---

**Was werde ich wirklich tun, falls keine Einigung zustande kommt (d. h., was ist meine beste Alternative)? Warum?**

*Nr. 2:*
*Durch Gewerkschaft finanzierter Zusatzversicherungsschutz. Würde Bedürfnisse der Mitglieder befriedigen und uns die Entscheidung überlassen, wie wir unser Geld ausgeben.*

**Was kann ich tun, um meine beste Alternative zu verbessern? (Schreiben Sie konkrete Schritte auf, die Sie noch vor Verhandlungsbeginn unternehmen könnten.)**

*Einige Angebote von Versicherern einholen.*

---

**Datum:**

## Alternativen 3:

*Herausfinden der Alternativen*
*der Gegenseite*

**Verhandelnder:** *Gewerkschaftsteam*

**Gegenseite:** *KidWorld-Team*

**Gegenstand:** *Krankenversicherung*

**Ihre Hauptinteressen:**

1. *Günstiger Präzedenzfall*

2. *Konkurrenzfähig sein*

3. *Kosten niedrig halten*

4. *Streik vermeiden*

**Was könnte sie tun, um ihre Interessen zu befriedigen, falls wir uns nicht einigen?**

| Alternativen | Pro | Contra |
| --- | --- | --- |
| 1. *Versuch, uns Bedingungen aufzuzwingen* | *Leichter Versuch* | *Könnte Streik zur Folge haben* |
| 2. *Versuch, uns zu umgehen und direkt mit Mitgliedern zu verhandeln* | *Setzt uns unter Druck* | *Nachteilig für langfristige Beziehung zur Gewerkschaft* |
| | *Könnte für Gegenseite besseren Vertrag bedeuten* | *Wir könnten zurückschlagen* |
| | *Wir könnten schlecht dastehen* | |
| 3. *Den Fall vor eine Schlichtungskommission bringen* | *Vermeidet Streik* | *Teuer* |
| | | *Unsicheres Ergebnis* |

**Datum:**                                                    **Alternativen 3**

## Alternativen 4:

*Annahmen über die
beste Alternative der Gegenseite*

**Verhandelnder:** *Gewerkschaftsteam*
**Gegenseite:** *KidWorld-Team*
**Gegenstand:** *Krankenversicherung*

**Was würde ich an ihrer Stelle tun?**
**(Welche ihrer Alternativen sieht am besten für sie aus?)**

*Nr. 3: Den Fall vor einen Schlichter bringen*

**Wie könnte ich völlig legitim die Attraktivität ihrer besten Alternative verringern?**

Durch Erschwerung ihrer Realisierung?

Durch andeuten, wie unklug oder teuer sie
sein könnte?

*Argumente vorbereiten, warum dieses Problem nicht durch Schlichtung gelöst werden sollte.*

*Von unserem Anwalt Informationen einholen, wie wir bei einer Schlichtung argumentieren könnten.*

**Datum:**

**Alternativen 4**

***Legitimität 1:*** *Benutzung externer Standards als Lanze und Schild*

**Verhandelnder:** *Gewerkschaftsteam*
**Gegenseite:** *KidWorld-Team*
**Gegenstand:** *Krankenversicherung*

**Welche spezifische Sachfrage muß in dieser Verhandlung gelöst werden?**

*Welchen Anteil der gesamten Krankenversicherungskosten sollte das Unternehmen zahlen?*

**Mögliche Standards** (Präzedenzfälle, Benchmarks, frühere Praxis, akzeptierte Grundsätze usw.)

Schreiben Sie Standards entlang einer Skala von »am ungünstigsten« für Sie bis »am günstigsten«. Unter jedem Standard notieren Sie, was er für diesen Fall bedeuten würde.

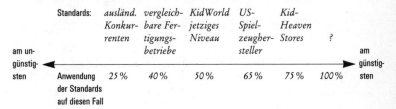

**Andere Standards, die relevant sein könnten bzw. weitere Nachforschungen erfordern:**

*Inflation = 3% p.a.*       *Inflation Gesundheitskosten = 12% p.a.*

*Angestellte bei KidWorld = ?*

*Übereinstimmung Pensionsplan mit Beiträgen = 100%*

*Anteil vom Lohn, den Beschäftigte für Krankenversicherung ausgeben müssen = ?*

*Im Vergleich zu: Angestellten, ausländischen Konkurrenten, KidHeaven Stores?*

**Datum:** **Legitimität 1**

**Legitimität 2:** Nutzung der
Fairneß des Verfahrens, um zu
überzeugen

**Verhandelnder:** *Gewerkschaftsteam*

**Gegenseite:** *KidWorld-Team*

**Gegenstand:** *Krankenversicherung*

## Überzeugungsmethoden

Wenn Sie einer Lösung nicht zustimmen können, können Sie vielleicht der Methode zustimmen, eine akzeptable Lösung zu finden. Falls Ihnen eines der folgenden Verfahren interessant erscheint, wie könnte man es auf diesen Fall anwenden?

»Ich schneide, du wählst«

Eine Münze werfen

Die Meinung eines Experten einholen

Einen Schlichter entscheiden lassen    *Entscheidung zwischen letzten Angeboten?*

*Einer Zahl zustimmen, aber wenn KidWorld mit jemand anderem einen besseren Vertrag abschließt, gilt der auch für uns.*

*Meistbegünstigtes Land*

## Reziprozitätstest

In manchen Fällen kann Reziprozität sehr überzeugend sein: Gibt es Verhandlungen, bei denen sich Ihr Verhandlungspartner in einer ähnlichen Situation wie Sie befindet?

*Ja, beim Verhandeln mit Einzelhändlern über gemeinsame Werbung.*

Wenn ja, welche Standards oder Argumente könnte er/sie in der Situation benutzen?

*KidWorld möchte Mitspracherecht, wie ihr Geld ausgegeben wird, und Gelegenheit zu besserem Abkommen.*

Wie könnten Sie diese Standards oder Argumente hier einsetzen?

*Wir könnten das gleiche sagen: Die Gewerkschaft sollte Mitspracherecht haben, wie die Beiträge der Beschäftigten eingesetzt werden, und Gelegenheit, Preisvergleiche anzustellen.*

**Datum:**                                                              **Legitimität 2**

**Legitimität 3:** *Angebot einer*
*attraktiven Möglichkeit für die Gegen-*
*seite, ihre Entscheidung zu erläutern*

**Verhandelnder:** *Gewerkschaftsteam*

**Gegenseite:** *KidWorld-Team*

**Gegenstand:** *Krankenversicherung*

---

Falls die Gegenseite das Ergebnis dieser Verhandlung einer ihr wichtigen Person erklären muß, könnte diese mit den folgenden Punkten überzeugt werden:

1. *»Das entspricht anderen Leistungen bei KidWorld und der Branchen-*
   *praxis.«*

2. *»Wir haben die Grenzlinie bei einem Niveau gezogen, das uns wettbe-*
   *werbsfähig hält.«*

3. *»Es ist nur fair, den Beschäftigten die Möglichkeit zu geben, an der*
   *Entscheidung über die Ausgabe des Geldes für Krankenversicherung zu*
   *ihrem Nutzen mitzuwirken. Wir möchten das gleiche, wenn die Einzel-*
   *händler unser Geld für Werbung ausgeben.«*

4.

---

**Datum:** **Legitimität 3**

## Kommunikation 1:

*Überdenken meiner Annahmen, und worauf ich hören sollte*

**Verhandelnder:** *Gewerkschaftsteam*

**Gegenseite:** *KidWorld-Team*

**Gegenstand:** *Krankenversicherung*

---

Der erste Schritt im Umgang mit Ihren blinden Flecken besteht darin, sich ihrer bewußt zu werden. Listen Sie in der linken Spalte Ihre Annahmen über die Absichten und Einschätzungen der Gegenseite auf. Notieren Sie in der rechten Spalte Kernsätze, die sie sagen könnte und die Sie veranlassen sollten, Ihre Annahmen in Frage zu stellen.

---

**Meine Annahmen**
(Ich nehme an, daß ...)

**Worauf ich hören sollte**

---

*die Gegenseite uns zwingen will, für die Krankenversicherung zu zahlen, und daß sie ihren Beitag senken will.*

*Wir wollen, daß dieser Vertrag für die Beschäftigten akzeptabel ist.*

*Wir wollen mit Ihnen zusammenarbeiten, um den bestmöglichen Versicherungsschutz zu einem Preis zu bekommen, der uns konkurrenzfähig erhält.*

*sie ihren Willen durchsetzen will.*

*Sagen Sie uns, was für Sie wichtig ist. Wie können wir es gemeinsam erreichen?*

*sie nur gut dastehen will.*

*Lassen Sie uns mehrere Optionen überlegen, ohne uns jetzt zuviel darum zu kümmern, ob sie praktikabel sind.*

---

**Datum:**

**Kommunikation 1**

## Kommunikation 2:

*Umformulieren, damit die*
*Gegenseite besser versteht*

**Verhandelnder:** *Gewerkschaftsteam*

**Gegenseite:** *KidWorld-Team*

**Gegenstand:** *Krankenversicherung*

| Meine Sichtweise | Wie könnte die Gegenseite sie auffassen? | Umformulierungen |
|---|---|---|
| (Listen Sie 3–5 Aussagen auf, die Sie machen könnten, um Ihre Interessen klar auszudrücken.) | (Notieren Sie für jede Aussage die mögliche Antwort der Gegenseite, z.B. »Ja, aber ...«) | (Formulieren Sie Ihre Aussagen so um, daß sie besser verstanden werden.) |
| *Sie wollen, daß wir zuviel bezahlen.* | *Unser Beitrag ist bereits höher als bei vielen Unternehmen.* | *Wie können wir einen Plan entwerfen, der uns konkurrenzfähig hält, aber auch den Beschäftigten gegenüber fair ist?* |
| *Wir verlangen hochwertigen Versicherungsschutz.* | *Wir können es uns nicht leisten, jedem von Ihnen einen Cadillac zu kaufen!* | *Wir sorgen uns und wollen, daß auch Sie sich um die Qualität der medizinischen Leistungen sorgen, die wir und unsere Familien erhalten.* |
| *Wir wollen Mitsprache bei den Entscheidungen.* | *Sie nehmen immer den teuersten Plan und bestehen darauf.* | *Wenn wir an der Auswahl des Gesundheitsplanes beteiligt wären, könnten wir die Ausgleichsmöglichkeiten besser verstehen und uns wohler fühlen dabei, wie unser Geld ausgegeben wird.* |

**Datum:**                                              **Kommunikation 2**

## Beziehung 1:

*Trennung der menschlichen Probleme von den Sachproblemen*

**Verhandelnder:** *Gewerkschaftsteam*

**Gegenseite:** *KidWorld-Team*

**Gegenstand:** *Krankenversicherung*

---

**Beschreiben Sie Ihre Beziehung** (benutzen Sie Adjektive)

*Ablehnend, feindselig, mißtrauisch*

---

**Trennen Sie die Beziehung von den Sachfragen**

---

| **Sachfragen und -probleme** (Geld, Begriffe, Termine, Bedingungen) | **Beziehungsfragen und -probleme** (Zuverlässigkeit, gegenseitige Anerkennung, Gefühle usw.) |
|---|---|
| *Kosten für Beschäftigte* | *Nicht zuhören* |
| *Termin der Einführung* | *Beschimpfungen* |
| *Inflation im Gesundheitssektor* | *Jede Seite denkt, die anderen sind unvernünftig* |
| *Häufigkeit der Zahlungen durch Beschäftigte* | |
| *Höhe des Versicherungsschutzes* | |
| *Eigenbeitrag* | |

---

| **Auf Sachfragen bezogene Optionen und Lösungen** (Schauen Sie evtl. in den Kapiteln über Interessen und Optionen nach) | **Möglichkeiten zur Verbesserung der Beziehung** (Gehen Sie sicher, daß diese keine Zugeständnisse in Sachfragen sind) |
|---|---|
| *Marktübliche Standards für Beitrag der Beschäftigten nutzen* | *Die andere Seite ihre Anliegen zuerst ausdrücken lassen* |
| *Der Gewerkschaft Beteiligung an Entscheidung über Pläne ermöglichen* | *Versuchen, sich in die Lage der anderen Seite zu versetzen* |
| *Den Beschäftigten mehrere Optionen anbieten* | *Versprechen, sich nicht gegenseitig zu beschimpfen* |
| *Präventives Gesundheitsprogramm entwickeln* | |

---

**Datum:**

**Beziehung 1**

## Beziehung 2:

*Vorbereitung auf den Aufbau
einer guten Arbeitsbeziehung*

**Verhandelnder:** *Gewerkschaftsteam*

**Gegenseite:** *KidWorld-Team*

**Gegenstand:** *Krankenversicherung*

---

**Was könnte gegenwärtig nicht in Ordnung sein?**

**Was kann ich tun, ...**

---

**Was könnte ein vorhandenes Mißverständnis verursacht haben?**

*Vorgeschichte
Unverständliche Terminologie*

**um die Gegenseite besser zu verstehen?**

*Vor Behandlung der Sachfragen
Klärung der Wahrnehmungen der
anderen Seite*

**Was könnte mangelndes Vertrauen verursacht haben?**

**um meine Zuverlässigkeit zu beweisen?**

**Was könnte die Ursache dafür sein, daß eine oder beide Seiten sich unter Druck gesetzt fühlen?**

*Möglichkeit eines Streiks*

**um eher zu überzeugen als Druck auszuüben?**

*Möglichkeit überlegen, das Problem
ohne Streik zu lösen
Soll Expertenrunde entscheiden?*

**Was könnte die Ursache dafür sein, daß eine oder beide Seiten sich nicht respektiert fühlen?**

*In der Vergangenheit aggressive
Sprache benutzt*

**um Anerkennung und Respekt zu zeigen?**

*Ein gemeinsames Essen vor Beginn
der Verhandlungen?
Vereinbarung, daß wir uns gegenseitig
mit Respekt behandeln, egal, was
geschieht.*

**Was könnte die Ursache dafür sein, daß eine oder beide Seiten gekränkt sind?**

**um Gefühl und Verstand ins Gleichgewicht zu bringen?**

---

**Datum:**

**Beziehung 2**

## Verpflichtung 1:

*Festlegung der Themen des Abkommens*

**Verhandelnder:** *Gewerkschaftsteam*
**Gegenseite:** *KidWorld-Team*
**Gegenstand:** *Krankenversicherung*

**Allgemeiner Zweck der Verhandlung**

*Diskussion von Optionen für steigende Kosten im Gesundheitsbereich*

**Erwartetes Ergebnis der Verhandlung**
(Entwerfen Sie ein Inhaltsverzeichnis des Abkommens, das umsetzbar und von Dauer ist.)

*Gemeinsam überlegen*

*– Liste der zu berücksichtigenden Standards*
*– Liste der Interessen*
*– Liste der Optionen*

**Spezifischer Zweck der nächsten Besprechung**

*Entwurf einer gemeinsamen Empfehlung an die Interessengruppen beider Seiten*

**Greifbares Ergebnis der nächsten Besprechung**
(Wenn Sie sich das Papier vorstellen können, das Sie während dieser Besprechung produzieren würden: was würde es enthalten?)

✓      Eine Liste mit Optionen zur weiteren Überlegung?

      Einen Aktionsplan für weitere notwendige Arbeit, bevor ein Abkommen möglich ist?

      Eine gemeinsame Empfehlung an Ihre jeweilige Organisation?

      Eine Übereinstimmung im grundsätzlichen?

      Einen unterzeichneten Vertrag?

      Verpflichtungen für die nächsten Schritte?

      Sonstiges

**Datum:**                                                     **Verpflichtung 1**

## Verpflichtung 2:

*Planung der Schritte bis zum Abkommen*

**Verhandelnder:** *Gewerkschaftsteam*
**Gegenseite:** *KidWorld-Team*
**Gegenstand:** *Krankenversicherung*

---

**Entscheidungsberechtigte: Namen der Personen, die das Abkommen unterzeichnen werden**

*Vorsitzender der Gewerkschaft, CEO?*


**Umsetzung: Informationen, die das Abkommen bezüglich der nächsten Schritte enthalten sollte**

Ausführende, die vielleicht vor dem endgültigen Abkommen konsultiert werden sollten

*Gewerkschaftsmitglieder, Personalabteilung, Versicherungsgesellschaften*


Mögliche Hindernisse für die Umsetzung

*Mitglieder könnten Vertrag ablehnen*


Möglichkeiten, die Hindernisse zu überwinden

*Zahlreiche vorherige Beratungen*
*Gute Erläuterung des Ergebnisses*


| Notwendige Schritte, um ein bindendes Abkommen zu erhalten | Angestrebter Termin |
|---|---|
| 1. Vorläufige Übereinkunft über einzubeziehende Probleme: | *erledigt* |
| 2. Klärung der Interessen bei jedem Problem: | *erstes Treffen* |
| 3. Diskussion der Optionen zur Lösung der Probleme: | *zweites Treffen* |
| 4. Mein Entwurf eines Rahmenabkommens: | *drittes Treffen* |
| 5. Gemeinsamer Arbeitsentwurf des möglichen Abkommens: | *in 30 Tagen* |
| 6. Endversion zur Unterzeichnung bereit: | *in 60 Tagen* |

---

**Datum:**                                 **Verpflichtung 2**

# ANHANG B
## EIN SATZ »WERKZEUGE« ZUR VORBEREITUNG

Auch wenn Sie sich nicht für jede Verhandlung auf die gleiche Weise vorbereiten, sollten Sie einen einheitlichen Satz »Werkzeuge« haben, den Sie vor wichtigen Verhandlungen einsetzen können.

Solche Werkzeuge würden Sie in die Lage versetzen, sich systematisch und effizient auf Verhandlungen vorzubereiten. Je öfter Sie die Werkzeuge benutzen, desto effektiver werden Sie in der Vorbereitung. Nach einiger Zeit wird es Ihnen in Fleisch und Blut übergehen, Verhandlungsprobleme systematisch zu durchdenken, und die Werkzeuge selbst werden zur zweckmäßigen Gedächtnisstütze für das, woran Sie denken sollten.

Stellen Sie sich die Fragebogen in diesem Anhang als Ihren Satz Werkzeuge vor. Insgesamt geben sie Ihnen ein vollständiges Bild der Verhandlungssituation, und einzeln helfen sie Ihnen, sich auf spezifische Elemente des Verhandlungsprozesses zu konzentrieren.

Sehen Sie vor jeder Verhandlung die Fragebogen durch und wählen Sie die aus, die für die betreffende Situation am zweckmäßigsten scheinen. Erinnern Sie sich daran, daß es drei Möglichkeiten der Vorbereitung gibt:

1. Sie können mit der Übersicht *Schnelle Vorbereitung* beginnen und entscheiden, ob eine begrenzte Vorbereitung auf einfache Verhandlungen, bei denen nicht viel auf dem Spiel steht, ausreichend ist.

2. Sie können die Fragen in *Vorbereitung auf Prioritäten* benutzen, um Ihnen bei der Planung Ihrer Vorbereitungszeit zu helfen, und dann die geeigneten Fragebogen auswählen.

3. Sie können alle Fragebogen durcharbeiten, um auf komplexe Verhandlungen gründlich vorbereitet zu sein.

Egal, welchen Ansatz Sie wählen, Sie werden möglicherweise feststellen, daß Sie bei den ersten Malen für eine Anleitung zur Benutzung der Fragebogen in den Erläuterungen und Beispielen im Text nachsehen müssen. Jedes Kapitel gibt Ihnen Hinweise für eine gute Vorbereitung, und die Fragebogen geben Ihnen eine Anleitung zur Anwendung dieser Tips auf Ihre Verhandlung. Vielleicht sehen Sie auch *Anhang A: Im Vorbereiten besser werden* durch, der für drei Beispiele aus dem Text alle ausgefüllten Fragebogen enthält.

Sie können diese Blanko-Fragebogen, soweit Sie sie für Ihre Verhandlungen benötigen, natürlich kopieren.

## *Interessen 1:*

*Feststellung der relevanten Parteien*

**Verhandelnder:** ...........................................................

**Gegenseite:** ...........................................................

**Gegenstand:** ...........................................................

---

Tragen Sie die Namen der Personen oder Gruppen ein, die an dieser Verhandlung beteiligt sind. Setzen Sie sich als »Verhandelnden« ein und die Person, mit der Sie es direkt zu tun haben, als »Gegenseite«. Tragen Sie unten die Namen anderer Personen/Gruppen ein, die von dem Ergebnis der Verhandlung erheblich betroffen sein könnten.

---

| **Personen auf »meiner Seite«, die an dem Ergebnis interessiert sein könnten.** | **Personen auf der »Gegenseite«, die an dem Ergebnis interessiert sein könnten.** |
|---|---|
| **Interessengruppen?** | **Interessengruppen?** |
| .................................................. | .................................................. |
| **Freunde?** | **Freunde?** |
| .................................................. | .................................................. |
| **Familie?** | **Familie?** |
| .................................................. | .................................................. |
| **Chef?** | **Chef?** |
| .................................................. | .................................................. |
| **Sonstige?** | **Sonstige?** |
| .................................................. | .................................................. |
| .................................................. | .................................................. |
| .................................................. | .................................................. |
| .................................................. | .................................................. |
| .................................................. | .................................................. |
| .................................................. | .................................................. |

---

**Datum:**                                              **Interessen 1**

## Interessen 2:

*Klärung der Interessen*

**Verhandelnder:** ...........................................

**Gegenseite:** ...........................................

**Gegenstand:** ...........................................

| **Meine** | **Der Gegenseite** | **Von anderen** |
|---|---|---|
| Was interessiert mich? | Wenn ich an ihrer Stelle wäre: Was würde mich interessieren oder mir Sorgen machen? | Was sind die Anliegen anderer, die erheblich betroffen sein könnten? |

| **Persönlich** | **Persönlich** | **Andere 1:** |
|---|---|---|
| ............................... | ............................... | ............................... |
| ............................... | ............................... | ............................... |
| ............................... | ............................... | ............................... |
| ............................... | ............................... | **Andere 2:** |
| **Geschäftlich** | **Geschäftlich** | ............................... |
| ............................... | ............................... | ............................... |
| ............................... | ............................... | ............................... |
| ............................... | ............................... | **Andere 3:** |
| ............................... | ............................... | ............................... |
| ............................... | ............................... | ............................... |
| ............................... | ............................... | ............................... |
| ............................... | ............................... | ............................... |

**Datum:**                                                            **Interessen 2**

## *Interessen 3:*

*Suche nach tiefer liegenden Interessen*

**Verhandelnder:**
............................................

**Gegenseite:**
............................................

**Gegenstand:**
............................................

---

Listen Sie in der linken Spalte die wichtigeren Interessen von Ihnen und der Gegenseite auf, die Sie auf dem Blatt **Interessen 2** identifiziert haben. Fragen Sie sich jedesmal »warum?« und »zu welchem Zweck?« Wenn Sie tiefer liegende Interessen entdecken, schreiben Sie sie in die mittlere Spalte. Versuchen Sie dann, Ihre Interessen zu bewerten, indem Sie entsprechend deren relativer Bedeutung 100 Punkte vergeben.

| **Wichtige Interessen** (aus **Interessen 2**) | **Grundlegende bzw. tiefer liegende Interessen** (Fragen Sie sich »warum?« und »zu welchem Zweck?«) | **Relative Bedeutung** (Vergeben Sie 100 Punkte) |
|---|---|---|
| **Meine** | | |
| ............................... | ............................... | ............................... |
| ............................... | ............................... | ............................... |
| ............................... | ............................... | ............................... |
| ............................... | ............................... | ............................... |
| ............................... | ............................... | ............................... |
| ............................... | ............................... | ............................... |
| ............................... | ............................... | ............................... |
| **Der Gegenseite** | | |
| ............................... | ............................... | ............................... |
| ............................... | ............................... | ............................... |
| ............................... | ............................... | ............................... |
| ............................... | ............................... | ............................... |
| ............................... | ............................... | ............................... |
| ............................... | ............................... | ............................... |

---

**Datum:**                                                     **Interessen 3**

## *Optionen 1:*

*Entwicklung von Optionen zur*
*Befriedigung der Interessen beider Seiten*

**Verhandelnder:**
..........................................

**Gegenseite:**
..........................................

**Gegenstand:**
..........................................

Schauen Sie Ihren Fragebogen **Interessen 3** an und listen Sie die Möglichkeiten auf, die Interessen
beider Seiten zu befriedigen. (Schreiben Sie die Interessen in der Reihenfolge ihrer relativen Bedeutung
auf.)

| Meine Interessen | Mögliche Optionen | Interessen der Gegenseite |
|---|---|---|
| ........................... | ........................... | ........................... |
| ........................... | ........................... | ........................... |
| ........................... | ........................... | ........................... |
| ........................... | ........................... | ........................... |
| ........................... | ........................... | ........................... |
| ........................... | ........................... | ........................... |
| ........................... | ........................... | ........................... |
| ........................... | ........................... | ........................... |
| ........................... | ........................... | ........................... |
| ........................... | ........................... | ........................... |
| ........................... | ........................... | ........................... |
| ........................... | ........................... | ........................... |
| ........................... | ........................... | ........................... |
| ........................... | ........................... | ........................... |
| ........................... | ........................... | ........................... |

**Datum:**                                                                   **Optionen 1**

## Optionen 2:

*Möglichkeiten der Maximierung*
*des gemeinsamen Nutzens*

**Verhandelnder:** ..................................................

**Gegenseite:** ..................................................

**Gegenstand:** ..................................................

Denken Sie über Möglichkeiten nach, Fähigkeiten und Ressourcen zu kombinieren, um die Hauptinteressen beider Seiten zu befriedigen.

| | **Bestandsaufnahme der Fähigkeiten und Ressourcen** | **Kombinieren Sie ähnliche Ressourcen, um Nutzen zu erzeugen** | **Kombinieren Sie unterschiedliche Ressourcen, um Nutzen zu erzeugen** |
|---|---|---|---|
| | .............................. | .............................. | .............................. |
| | .............................. | .............................. | .............................. |
| | .............................. | .............................. | .............................. |
| | .............................. | .............................. | .............................. |
| **Meine** | .............................. | .............................. | .............................. |
| | .............................. | .............................. | .............................. |
| | .............................. | .............................. | .............................. |
| | .............................. | .............................. | .............................. |
| | .............................. | .............................. | .............................. |
| | .............................. | .............................. | .............................. |
| **Deren** | .............................. | .............................. | .............................. |
| | .............................. | .............................. | .............................. |
| | .............................. | .............................. | .............................. |
| | .............................. | .............................. | .............................. |

**Datum:**            **Optionen 2**

## *Alternativen 1:*

*Meine Alternativen zu*
*einem Abkommen*

**Verhandelnder:** ....................................

**Gegenseite:** ....................................

**Gegenstand:** ....................................

**Meine Hauptinteressen:**

....................................................................................................

....................................................................................................

....................................................................................................

....................................................................................................

....................................................................................................

**Was könnte ich tun, um meine Interessen zu befriedigen, falls wir uns nicht einigen?**

| Alternativen | Pro | Contra |
|---|---|---|
| ................................ | ................................ | ................................ |
| ................................ | ................................ | ................................ |
| ................................ | ................................ | ................................ |
| ................................ | ................................ | ................................ |
| ................................ | ................................ | ................................ |
| ................................ | ................................ | ................................ |
| ................................ | ................................ | ................................ |
| ................................ | ................................ | ................................ |
| ................................ | ................................ | ................................ |
| ................................ | ................................ | ................................ |
| ................................ | ................................ | ................................ |

**Datum:**                                              **Alternativen 1**

## *Alternativen 2:*

*Auswahl und Verbesserung
meiner besten Alternative*

Verhandelnder:

Gegenseite:

Gegenstand:

**Was werde ich wirklich tun, falls keine Einigung zustande kommt (d. h., was ist meine beste Alternative)? Warum?**

..........................................................................................................................

..........................................................................................................................

..........................................................................................................................

..........................................................................................................................

..........................................................................................................................

**Was kann ich tun, um meine beste Alternative zu verbessern? (Schreiben Sie konkrete Schritte auf, die Sie noch vor Verhandlungsbeginn unternehmen könnten.)**

..........................................................................................................................

..........................................................................................................................

..........................................................................................................................

..........................................................................................................................

..........................................................................................................................

..........................................................................................................................

..........................................................................................................................

..........................................................................................................................

..........................................................................................................................

..........................................................................................................................

..........................................................................................................................

..........................................................................................................................

**Datum:**                                                   **Alternativen 2**

## *Alternativen 3:*

*Herausfinden der Alternativen*
*der Gegenseite*

**Verhandelnder:**
..............................................

**Gegenseite:**
..............................................

**Gegenstand:**
..............................................

**Ihre Hauptinteressen:**

..................................................................................................................

..................................................................................................................

..................................................................................................................

..................................................................................................................

..................................................................................................................

**Was könnte sie tun, um ihre Interessen zu befriedigen, falls wir uns nicht einigen?**

| Alternativen | Pro | Contra |
|---|---|---|
| .......................... | .......................... | .......................... |
| .......................... | .......................... | .......................... |
| .......................... | .......................... | .......................... |
| .......................... | .......................... | .......................... |
| .......................... | .......................... | .......................... |
| .......................... | .......................... | .......................... |
| .......................... | .......................... | .......................... |
| .......................... | .......................... | .......................... |
| .......................... | .......................... | .......................... |
| .......................... | .......................... | .......................... |
| .......................... | .......................... | .......................... |

**Datum:**                                                                  **Alternativen 3**

## *Alternativen 4:*

*Annahmen über die
beste Alternative der Gegenseite*

**Verhandelnder:**
.....................................
**Gegenseite:**
.....................................
**Gegenstand:**
.....................................

**Was würde ich an ihrer Stelle tun?**
**(Welche ihrer Alternativen sieht am besten für sie aus?)**

.............................................................................................................

.............................................................................................................

.............................................................................................................

.............................................................................................................

**Wie könnte ich völlig legitim die Attraktivität ihrer besten Alternative verringern?**

| Durch Erschwerung ihrer Realisierung? | Durch andeuten, wie unklug oder teuer sie sein könnte? |
|---|---|
| ........................................ | ........................................ |
| ........................................ | ........................................ |
| ........................................ | ........................................ |
| ........................................ | ........................................ |
| ........................................ | ........................................ |
| ........................................ | ........................................ |
| ........................................ | ........................................ |
| ........................................ | ........................................ |
| ........................................ | ........................................ |
| ........................................ | ........................................ |

**Datum:**                                      **Alternativen 4**

## *Legitimität 1:* Benutzung externer Standards als Lanze und Schild

**Verhandelnder:** ....................................

**Gegenseite:** ....................................

**Gegenstand:** ....................................

**Welche spezifische Sachfrage muß in dieser Verhandlung gelöst werden?**

....................................................................................

....................................................................................

....................................................................................

**Mögliche Standards** (Präzedenzfälle, Benchmarks, frühere Praxis, akzeptierte Grundsätze usw.)

Schreiben Sie Standards entlang einer Skala von »am ungünstigsten« für Sie bis »am günstigsten«.
Unter jedem Standard notieren Sie, was er für diesen Fall bedeuten würde.

Standards:

am un-
günstig-
sten ◀――――――――――――――――――――――▶ am
günstig-
sten

Anwendung
der Standards
auf diesen Fall

**Andere Standards, die relevant sein könnten bzw. weitere Nachforschungen erfordern:**

....................................................................................

....................................................................................

....................................................................................

**Datum:**                                                **Legitimität 1**

## Legitimität 2: Nutzung der Fairneß des Verfahrens, um zu überzeugen

**Verhandelnder:** .................................................

**Gegenseite:** .................................................

**Gegenstand:** .................................................

### Überzeugungsmethoden

Wenn Sie einer Lösung nicht zustimmen können, können Sie vielleicht der Methode zustimmen, eine akzeptable Lösung zu finden. Falls Ihnen eines der folgenden Verfahren interessant erscheint, wie könnte man es auf diesen Fall anwenden?

»Ich schneide, du wählst«
.................................................................................

Eine Münze werfen
.................................................................................

Die Meinung eines Experten einholen
.................................................................................

Einen Schlichter entscheiden lassen
.................................................................................

.................................................................................

.................................................................................

### Reziprozitätstest

In manchen Fällen kann Reziprozität sehr überzeugend sein: Gibt es Verhandlungen, bei denen sich Ihr Verhandlungspartner in einer ähnlichen Situation wie Sie befindet?

.................................................................................

Wenn ja, welche Standards oder Argumente könnte er/sie in der Situation benutzen?

.................................................................................

Wie könnten Sie diese Standards oder Argumente hier einsetzen?

.................................................................................

.................................................................................

**Datum:**                                                    **Legitimität 2**

***Legitimität 3:*** *Angebot einer attraktiven Möglichkeit für die Gegenseite, ihre Entscheidung zu erläutern*

**Verhandelnder:**

**Gegenseite:**

**Gegenstand:**

Falls die Gegenseite das Ergebnis dieser Verhandlung einer ihr wichtigen Person erklären muß, könnte diese mit den folgenden Punkten überzeugt werden:

1.

2.

3.

4.

**Datum:**                                                      **Legitimität 3**

## Kommunikation 1:

*Überdenken meiner Annahmen,*
*und worauf ich hören sollte*

**Verhandelnder:**
.................................................

**Gegenseite:**
.................................................

**Gegenstand:**
.................................................

Der erste Schritt im Umgang mit Ihren blinden Flecken besteht darin, sich ihrer bewußt zu werden. Listen Sie in der linken Spalte Ihre Annahmen über die Absichten und Einschätzungen der Gegenseite auf. Notieren Sie in der rechten Spalte Kernsätze, die sie sagen könnte und die Sie veranlassen sollten, Ihre Annahmen in Frage zu stellen.

**Meine Annahmen**
(Ich nehme an, daß ...)

**Worauf ich hören sollte**

.................................................        .................................................

.................................................        .................................................

.................................................        .................................................

.................................................        .................................................

.................................................        .................................................

.................................................        .................................................

.................................................        .................................................

.................................................        .................................................

.................................................        .................................................

.................................................        .................................................

.................................................        .................................................

.................................................        .................................................

**Datum:**                                                **Kommunikation 1**

## Kommunikation 2:

*Umformulieren, damit die*
*Gegenseite besser versteht*

**Verhandelnder:**
...............................................

**Gegenseite:**
...............................................

**Gegenstand:**
...............................................

| **Meine Sichtweise** | **Wie könnte die Gegenseite sie auffassen?** | **Umformulierungen** |
|---|---|---|
| (Listen Sie 3–5 Aussagen auf, die Sie machen könnten, um Ihre Interessen klar auszudrücken.) | (Notieren Sie für jede Aussage die mögliche Antwort der Gegenseite, z.B. »Ja, aber ...«) | (Formulieren Sie Ihre Aussagen so um, daß sie besser verstanden werden.) |

**Datum:**

**Kommunikation 2**

## *Beziehung 1:*

*Trennung der menschlichen Probleme von den Sachproblemen*

**Verhandelnder:**
...........................................

**Gegenseite:**
...........................................

**Gegenstand:**
...........................................

---

**Beschreiben Sie Ihre Beziehung** (benutzen Sie Adjektive)

...........................................................................................................

...........................................................................................................

---

**Trennen Sie die Beziehung von den Sachfragen**

---

**Sachfragen und -probleme**
(Geld, Begriffe, Termine, Bedingungen)

....................................................

....................................................

....................................................

....................................................

**Beziehungsfragen und -probleme**
(Zuverlässigkeit, gegenseitige Anerkennung, Gefühle usw.)

....................................................

....................................................

....................................................

....................................................

---

**Auf Sachfragen bezogene Optionen und Lösungen**
(Schauen Sie evtl. in den Kapiteln über Interessen und Optionen nach)

....................................................

....................................................

....................................................

....................................................

....................................................

**Möglichkeiten zur Verbesserung der Beziehung**
(Gehen Sie sicher, daß diese keine Zugeständnisse in Sachfragen sind)

....................................................

....................................................

....................................................

....................................................

---

**Datum:**  **Beziehung 1**

## Beziehung 2:

*Vorbereitung auf den Aufbau einer guten Arbeitsbeziehung*

**Verhandelnder:** .............................................

**Gegenseite:** .............................................

**Gegenstand:** .............................................

---

**Was könnte gegenwärtig nicht in Ordnung sein?**

**Was kann ich tun, ...**

---

**Was könnte ein vorhandenes Mißverständnis verursacht haben?**

.............................................

.............................................

**um die Gegenseite besser zu verstehen?**

.............................................

.............................................

**Was könnte mangelndes Vertrauen verursacht haben?**

.............................................

.............................................

**um meine Zuverlässigkeit zu beweisen?**

.............................................

.............................................

**Was könnte die Ursache dafür sein, daß eine oder beide Seiten sich unter Druck gesetzt fühlen?**

.............................................

.............................................

**um eher zu überzeugen als Druck auszuüben?**

.............................................

.............................................

**Was könnte die Ursache dafür sein, daß eine oder beide Seiten sich nicht respektiert fühlen?**

.............................................

.............................................

**um Anerkennung und Respekt zu zeigen?**

.............................................

.............................................

**Was könnte die Ursache dafür sein, daß eine oder beide Seiten gekränkt sind?**

.............................................

.............................................

**um Gefühl und Verstand ins Gleichgewicht zu bringen?**

.............................................

.............................................

---

**Datum:**

**Beziehung 2**

## Verpflichtung 1:

*Festlegung der Themen des Abkommens*

**Verhandelnder:** ......................................

**Gegenseite:** ..........................................

**Gegenstand:** .........................................

---

**Allgemeiner Zweck der Verhandlung**

..............................................................................................................

..............................................................................................................

..............................................................................................................

**Erwartetes Ergebnis der Verhandlung**
(Entwerfen Sie ein Inhaltsverzeichnis des Abkommens, das umsetzbar und von Dauer ist.)

..............................................................................................................

..............................................................................................................

..............................................................................................................

**Spezifischer Zweck der nächsten Besprechung**

..............................................................................................................

..............................................................................................................

..............................................................................................................

**Greifbares Ergebnis der nächsten Besprechung**
(Wenn Sie sich das Papier vorstellen können, das Sie während dieser Besprechung produzieren
würden: was würde es enthalten?)

................  Eine Liste mit Optionen zur weiteren Überlegung?

................  Einen Aktionsplan für weitere notwendige Arbeit, bevor ein Abkommen möglich ist?

................  Eine gemeinsame Empfehlung an Ihre jeweilige Organisation?

................  Eine Übereinstimmung im grundsätzlichen?

................  Einen unterzeichneten Vertrag?

................  Verpflichtungen für die nächsten Schritte?

................  Sonstiges  ...................................................................................

---

**Datum:**                                                                              **Verpflichtung 1**

## *Verpflichtung 2:*

*Planung der Schritte bis zum Abkommen*

**Verhandelnder:** ....................................

**Gegenseite:** ....................................

**Gegenstand:** ....................................

---

**Entscheidungsberechtigte: Namen der Personen, die das Abkommen unterzeichnen werden**

....................................................................................................................

....................................................................................................................

**Umsetzung: Informationen, die das Abkommen bezüglich der nächsten Schritte enthalten sollte**

Ausführende, die vielleicht vor dem endgültigen Abkommen konsultiert werden sollten

....................................................................................................................

....................................................................................................................

Mögliche Hindernisse für die Umsetzung

....................................................................................................................

....................................................................................................................

Möglichkeiten, die Hindernisse zu überwinden

....................................................................................................................

....................................................................................................................

....................................................................................................................

| **Notwendige Schritte, um ein bindendes Abkommen zu erhalten** | **Angestrebter Termin** |
|---|---|
| 1. Vorläufige Übereinkunft über einzubeziehende Probleme: | ..................... |
| 2. Klärung der Interessen bei jedem Problem: | ..................... |
| 3. Diskussion der Optionen zur Lösung der Probleme: | ..................... |
| 4. Mein Entwurf eines Rahmenabkommens: | ..................... |
| 5. Gemeinsamer Arbeitsentwurf des möglichen Abkommens: | ..................... |
| 6. Endversion zur Unterzeichnung bereit: | ..................... |

---

**Datum:** **Verpflichtung 2**

# Wirtschaftspraxis

18. Auflage, 1999. 271 Seiten
ISBN 3-593-34804-7

»Neben Sex ist Verhandeln das häufigste und problematischste Engagement unter zwei Personen, und zwischen beiden Aktivitäten besteht ein Zusammenhang. Dies ist bei weitem das Beste, was ich je über Verhandeln gelesen habe, und gleich wichtig für den Menschen, der sich um Freunde, Besitz und Einkommen sorgt, wie für den Staatsmann, der sich um den Frieden kümmert.« *John Kenneth Golbraith*

# Campus Verlag · Frankfurt/New York

# Profi-Tips von Dr. Wolfgang Friedrich

**Profi-Tips Miete**
Rechte und Pflichten von Mieter und Vermieter
08/5082

**Profi-Tips Erbschaft**
Richtig erben und vererben
08/5083

**Profi-Tips Rente und Alterssicherung**
Was Sie selbst für Ihre Altersvorsorge tun müssen
08/5101

**Profi-Tips Versicherung**
Richtig versichert – besser gesichert
08/5106

**Profi-Tips Bau- und Wohnunsfinanzierung**
Kaufen statt Miete zahlen
08/5126

**Profi-Tips Geld**
Neu: mit EURO
Was Sie über die neue Währung und Ihre Anlagen wissen müssen
08/5134

**Profi-Tips Existenzgründung**
Die optimale Planung und Finanzierung der Selbständigkeit
08/5167

**Profi-Tips Arbeit und Arbeitsmarkt**
Von A wie Arbeitsvertrag bis Z wie Zuschüsse
08/5213

**Profi-Tips Aktien und Börse**
So spekulieren Sie richtig!
08/5247

**Profi-Tips Schulden und Kredite**
Was Sie nach der neuen Gesetzgebung wissen müssen
08/5250

**Profi-Tips Schulung und Fortbildung**
So verbessern Sie Ihre Karrierechancen
08/5286

**Profi-Tips Scheidung und Unterhalt**
Scheidungsverfahren, Sorgerecht, Versorgungsausgleich
08/5313

## HEYNE-TASCHENBÜCHER